anawsterau
goroesi'r arddegau

gan Angharad Devonald

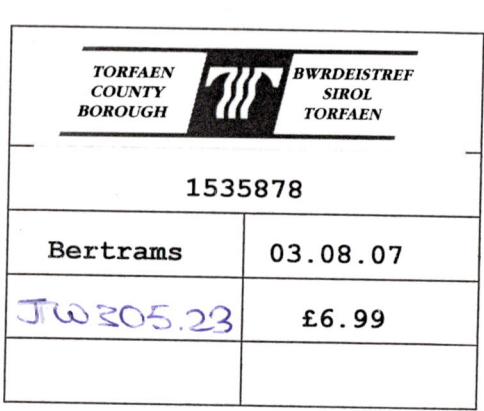

© y testun Angharad Devonald 2006
© y lluniau Kelly Walters

Cyhoeddwyd gan Wasg y Dref Wen,
28 Ffordd yr Eglwys,
Yr Eglwys Newydd, Caerdydd CF14 2EA
Ffôn 029 20617860

Argraffwyd ym Mhrydain.

Cedwir pob hawlfraint. Ni chaiff unrhyw ran o'r llyfr hwn ei hatgynhyrchu na'i storio mewn system adferadwy na'i hanfon allan mewn unrhyw ffordd na thrwy unrhyw gyfrwng electronig, peirianyddol, llungopïo, recordio nac unrhyw ffordd arall, heb ganiatâd ymlaen llaw gan y cyhoeddwyr.

Diolchiadau

Diolch i bawb a gyfranodd! Yn arbennig i chi fuodd yn ddigon caredig i adael i mi ddefnyddio eich geiriau a'ch profiadau. Sai'n mynd i'ch enwi chi – nes i addo peidio, 'ndo fe? Ond o'r doniol, i'r difrifol i'r doeth (wel, o'dd ambell i un!)... diolch am fod mor agored, mor onest ac mor ffraeth. Rhaid i fi gyfaddef nago'n i fyth yn meddwl gelen i'r fath sgyrsiau ... yn enwedig yn enw ymchwil!! Cymaint o bethau nago'n i'n gwybod ... ambell i beth nago'n i actiwali moyn gwybod chwaith! Ond fel 'na mae hi!

    Diolch i Catrin am gadw'r ffydd drwy'r pryderon, y panics a'r priodasau, ac am gadw'i phwyll gyda'r ail-leoliad!! Ond yn arbennig diolch am beidio â diflasu ar 'gael rhyw'!!!! Sori – ffaelu help, mae'n un bach arall i'r casgliad!

    A diolch hefyd i Charlie. Jyst achos.

I AWEN, ELERI AC ELEN
"Angylion fy Arddegau"

Erbyn hyn ni'n ticio'r ail flwch yna! Mae 'Milkshake & Moan' wedi esblygu'n 'Gwin & Griddfan' (a diolch byth ife? Mae'n dwymach yn un peth!) Chi'n meddwl gyrhaeddwn ni'r cyfnod 'Coco & Clonc"?! Wy'n lico meddwl newn ni... gallwch chi fod yn 'Angylion fy Wythdegau' 'fyd os chi moyn! Wel, digon o amser i chi ga'l thinc bach amdano fe gynta!! Jyst i'ch rhybuddio chi, os gyrhaeddwn ni, ga'i ymddiheuro nawr, fydda'i o leia hanner awr yn hwyr! Wedyn 'na fe. Be wy'n trio gweud yw diolch. Am bopeth. Oes mae fi gael ffrindiau ansbaradigaethus. Roedd.

cynnwys

fi   tud 11

Hwrê! Mae gen i hawliau!
Rydw i'n normal! (Ydw i?!)
Sut ydw i'n gweld yr arddegau:
    Deg peth gorau
    Deg peth gwaethaf
    Sut mae eraill yn fy ngweld i?
    Beth sy'n bwysig i mi?
Problemau:
    Ansicrwydd
    Bechgyn
    Merched
    Arian
    Rhieni
    Y corff
    Yr ysgol
    Rhwystrau
    Ffrindiau
    Cyfrifoldeb
Tantryms a woblars a cholli tymer
Deg ffordd o golli dy dymer
Deg ffordd o ymdopi gyda'r dymer wyllt yna
Deg ffordd o ymddiheuro
Fi – arddegyn llawen, llon!
Wedi bod yna! Rhannu profiadau
Ffeil-o-ffaith

fy nheulu tud 35

Cwis – Pa fath o rieni sydd gennyt ti?
Deg uchaf
– Dywediadau rhieni
– Dywediadau Mam-gu / Tad-cu
– Dywediadau brawd / chwaer fach
– Dywediadau'r gath
Siarad â rhieni
    Deg dadl boblogaidd
    Y sgyrsiau *embarrassing* yna ...
    Deg trafodaeth i wneud i ti gochi
Brodyr a chwiorydd
Unig blentyn
Arian poced
Y plentyn perffaith
Wedi bod yna! Rhannu profiadau
Problemau teuluol
– ysgariad
– ail-briodi
– babi newydd
– cam-drin
Ffeil-o-ffaith

ffrindiau tud 63

Ffrind gorau
Beth yw ffrind da?
Deg uchaf – y pethau pwysig os am fod yn ffrind
Gwneud ffrindiau newydd
Sut ffrind ydw i?
Dadlau

Dylanwad
Ffrindiau gorau yn troi'n elynion pennaf
Cymodi
Maddau
Cyfrinachau
Ffeil-o-ffaith

ysgol tud 89

Yr ysgol
Dywediadau athrawon
Dehongli iaith athrawon
Gwisg ysgol
Y wisg ysgol ddelfrydol
Gwaith cartref
Deg esgus
Adolygu
Problemau
Bwlio
Wedi bod yna! Rhannu profiadau
Cwis
Ffeil-o-ffaith

iechyd a delwedd tud 113

Iechyd personol
Cwis
Cadw'n heini
Cysgu gorffwys ac ymlacio
Bwyd a bwyta
Misglwyf
Ysmygu

Cyffuriau
Hunan-niweidio
Iselder
Delwedd ac ymddangosiad
Dannedd
Llygaid
Croen
Tyllu
Blew
Ffeil-o-ffaith

cariad   tud 153

Pwy ydw i'n ffansïo?
Deg arwydd bod rhywun yn dy ffansïo di
Siarad
Dehongli iaith y corff
Dêt
Y gusan gyntaf
Sengl o hyd ... ?
Gorffen
Dympio
Symud ymlaen
Deg arwydd dy fod ti'n torri dy galon
Crysh
Ffeil-o-ffaith

rhyw a rhywioldeb   tud 177

Rheolau aur rhyw
Hoyw / deurywiol
Barod ... ?
Un cam ar y tro!

Hunanleddfu
Y tro cyntaf
Atal cenhedlu
Cwestiynau am ryw
Afiechydon rhyw
Beichiogrwydd
Ffeil-o-ffaith

lle i chwilio am help... tud 201

fi

Hwrê! Mae gen i hawliau!

Mae'n swyddogol! Rwyt ti wedi defnyddio'r datganiad yna sawl gwaith mae'n siŵr, ond mae'n wir. Mae gennyt ti hawliau – a nifer fawr ohonyn nhw hefyd!

Darllena ymlaen i ti gael gwybod beth mae'r Cenhedloedd Unedig yn ei ddweud yw dy hawliau di...

1. Mae gan bob person ifanc yr hawl i gael eu trin yn gyfartal, waeth beth yw eu lliw, crefydd, rhyw, cefndir, iaith a chredoau.
2. Mae gennyt ti'r hawl i enw, a hawl i berthyn i wlad. Mae gennyt ti'r hawl i gadw'r pethau hynny.
3. Mae gennyt ti'r hawl i gartref cynnes, bwyd a dillad.
4. Mae gennyt ti'r hawl i fyw gyda dy deulu. Os nad yw hyn yn bosib mae'n rhaid i'r Llywodraeth ddod o hyd i gartref addas i ti.
5. Mae gennyt ti'r hawl i'th ddiwylliant a'th iaith.
6. Mae gennyt ti'r hawl i gwrdd â phobl a gwneud ffrindiau newydd.
7. Mae gennyt ti'r hawl i chwarae ac i gael hwyl.
8. Mae gennyt ti'r hawl i ofal iechyd ac addysg iechyd.
9. Mae gennyt ti'r hawl i gael dy amddiffyn rhag niwed, a phethau niweidiol. Mae hyn yn cynnwys cyffuriau, niwed corfforol, meddyliol, rhywiol a bwlio.
10. Os oes gennyt ti anabledd, mae gennyt ti'r hawl i fod mor annibynnol â phosib, ac i fod â'r un hawl i fwynhau bywyd ag sydd gan blant a phobl ifanc eraill.

'Ffaelu growndo fi rhagor! Ha!'

'Mwy o ymarfer pêl-droed 'te!'

11. Mae gennyt ti'r hawl i fywyd a chyfleoedd a fydd o gymorth i ti ddatblygu.
12. Mae gennyt ti'r hawl i addysg. Mae cyfrifoldeb ar dy ysgol i ddatblygu dy bersonoliaeth a'th dalentau, yn ogystal â'th allu academaidd.
13. Mae gennyt ti'r hawl i gael dy dalu'n deg os wyt ti'n gweithio.
14. Mae gennyt ti'r hawl i ddewis dy grefydd, dy gredoau a'th foesau dy hun.
15. Mae gennyt ti'r hawl i farn, ac i fynegi dy farn (teimladau) ar lafar, yn ysgrifenedig, drwy dy ymddangosiad a thrwy dy steil.
16. Mae gennyt ti'r hawl i wybodaeth, ac i chwilio am wybodaeth. Mae gennyt ti'r hawl i dderbyn gwybodaeth gywir a dealladwy.
17. Os oes oedolyn (rhiant/gwarchodwr/athro/aelod o'r heddlu) yn gwneud penderfyniad drosot ti, rhaid iddynt ystyried dy farn a'th deimladau di. Rhaid iddynt hefyd wneud y penderfyniad sydd orau i ti.
18. Rhaid i'r Llywodraeth sylweddoli y byddi di, wrth dyfu'n hŷn, yn fwy abl i wneud dy benderfyniadau a'th ddewisiadau dy hun.
19. Mewn amgylchiadau o dor-cyfraith neu gyhuddiadau yn dy erbyn di, mae gennyt ti'r hawl i gael dy drin yn deg, i gael cyngor cyfreithiol, ac i ddeall yr hyn sy'n digwydd i ti.
20. Mae gennyt ti'r hawl i breifatrwydd h.y galwadau ffôn / llythyron / ebyst / dyddiadur.

'Wedyn so Mam yn gallu gweud dim byd bo fi'n cwato dan y siwmper bagi 'na drwy'r amser?!'

'Dallt? Sgin ti'm hawl gwrando ar y ffôn arall felly, nagoes Dad?!'

Rydw i'n normal! (Ydw i?!)

Rydw i'n cysgu lot
Rydw i'n swil
Rydw i'n cochi'n hawdd
Rydw i'n aml yn teimlo'n grac tuag at bawb a phopeth
Rydw i'n crio'n hawdd
Rydw i'n colli fy nhymer yn hawdd
Rydw i'n teimlo'n ansicr
Rydw i'n teimlo bod pawb yn fy meirniadu i o hyd
Rydw i'n ymwybodol iawn ohonof i fy hun
Rydw i eisiau bod fel pawb arall
Rydw i'n swnllyd
Rydw i'n fewnblyg
Rydw i eisiau i rywun fy nghymryd i o ddifri
Rydw i'n teimlo bod fy nghorff i wedi troi yn fy erbyn i!
Rydw i'n emosiynol
Dydw i ddim yn deall merched
Dydw i ddim yn deall bechgyn
Dyw fy rhieni ddim yn fy neall i
Does neb yn fy neall i

A'r newyddion da? Os wyt ti'n profi ychydig, rhai neu'r cyfan o'r uchod, rwyt ti'n hollol, hollol normal! Ond cofia – does dim rhaid i ti fod fel pawb arall, a does dim angen i ti boeni os nad wyt ti. Os nad yw'r rhestr uchod yn swnio'n gyfarwydd, diolcha, a phaid gofidio – jyst bydd yn ti dy hunan!

Sut ydw i'n gweld yr arddegau

Y deg peth gorau
1. Cael hwyl gyda ffrindiau
2. Gwybod ei fod e'n digwydd i bawb arall hefyd
3. Bod yn fwy annibynnol
4. Medru gwneud penderfyniadau drosof fi fy hun
5. Ennill parch
6. Tyfu bronnau! (I ferched yn unig! Nid yw'n brofiad cystal i fechgyn!)
7. Aeddfedu a thyfu'n oedolyn
8. Datblygiad personol
9. Cyfle i arbrofi
10. Cyfle i sefydlu perthnasau newydd

Y deg peth gwaethaf
1. Cael bai ar gam
2. Rhy hen i berthyn i fyd plant, rhy ifanc i berthyn i fyd oedolion
3. Diflastod – dim byd i'w wneud
4. Ansicrwydd – pob dim yn newid o hyd
5. Disgwyliadau eraill ohonof i
6. Ofn – ddim yn gwybod beth sydd o mlaen i
7. Neb yn gwrando arna i
8. Neb yn fy neall i
9. Tyfu blew!
10. Rhwystrau – gorfod brwydro yn eu herbyn nhw o hyd

Sut mae eraill yn fy ngweld i?

Www! Creulon! ... barn yr oedolion. Beth maen nhw'n ei feddwl o bobl ifanc yn eu harddegau?

'Eu teuluoedd nhw sy'n cael y bai am bopeth.'

'Methu ymddwyn yn gall adre ond yn gallu ymddwyn yn berffaith gyda phobl eraill!'

'Cyfnod o gasáu awdurdod o unrhyw fath a'i herio fo os ydyn nhw'n hyderus.'

'Teithio mewn pac. Eu hoff weithgaredd nhw yw sefyllian – mewn arhosfan bws, ar gornel stryd neu tu allan i ryw siop os nad oes rhywle gwell i'w gael!'

'Braf arnyn nhw! Dim cyfrifoldebau – dim ond angen canolbwyntio ar ddarganfod eu hunain!'

'Wy'n teimlo drostyn nhw. Fi'n credu bo' nhw'n cael bad press – fi'n dwlu ar eu brwdfrydedd nhw!'

'Mae eu ffrindie nhw'n bwysicach iddyn nhw na dim byd arall.'

'So nhw'n gallu cyfathrebu o gwbl! Wy'n credu bod eu gallu nhw i sgwrsio 'da oedolion yn diflannu wrth i'r hormonau gicio mewn!'

'Rwy'n genfigennus o'u rhyddid nhw.'

'Maen nhw'n fregus – mood swings eithafol – ti byth yn gwybod lle y't ti 'da nhw. Maen nhw'n credu bod y byd i gyd yn troi o'u hamgylch nhw!'

'Os yw pobl wedi cymryd diddordeb ynddyn nhw tra maen nhw'n blant, maen nhw'n troi allan yn bobl ifanc sussed. Ambell wobl gyda'r hormonau, ond fel arall yn grêt!'

Beth sy'n bwysig i mi?

Tria hwn!
Defnyddia'r cwis i ddarganfod beth sy'n bwysig i ti.

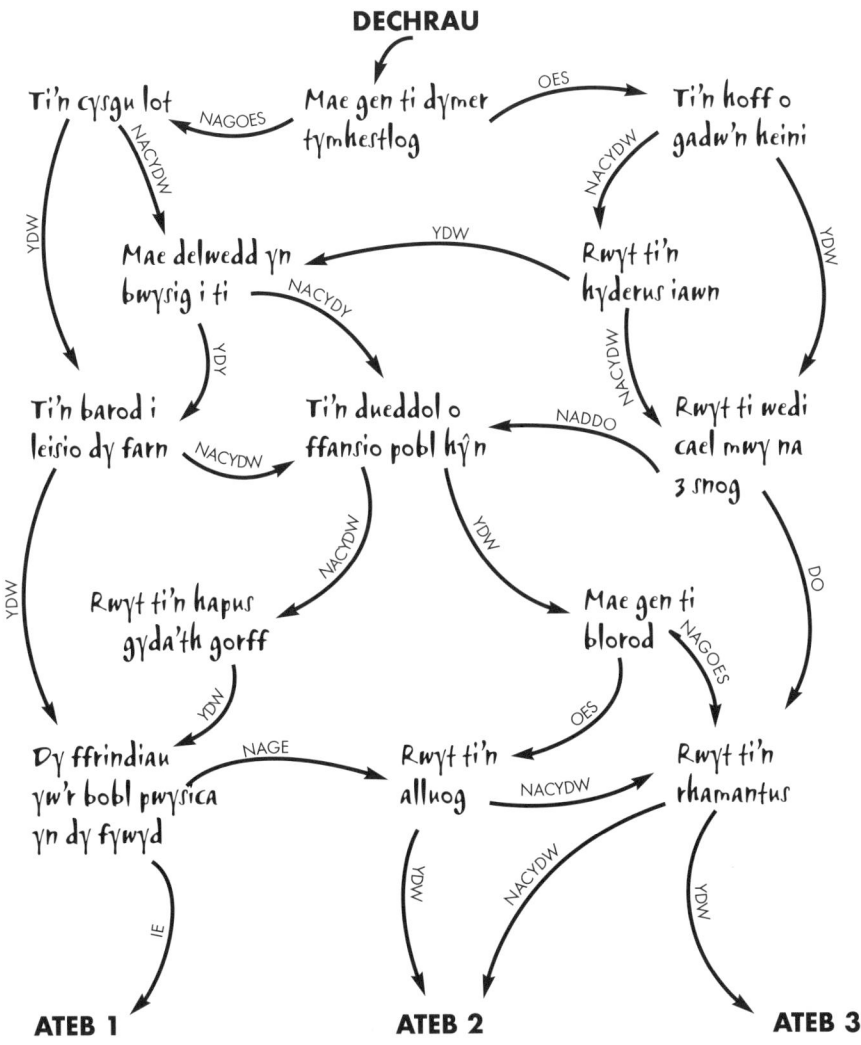

Atebion

Ateb 1
Mae teulu, ffrindiau a phobl yn bwysig i ti. Rwyt ti'n berson ffyddlon dros ben, yn rhoi yn hael o'th amser i bobl eraill. Rwyt ti'n garedig ac yn ystyriol. Rwyt ti'n gymharol hyderus, yn gadarn dy foesau ac yn sicr dy farn. Rwyt ti bob amser yn gweld ymhellach na'r clawr.

Ateb 2
Mae gwybodaeth yn bwysig i ti. Mae gennyt ti allu ymarferol ac awydd i ddysgu. Rwyt ti'n gwneud dy orau bob amser, ac yn ymdrechu'n galed er mwyn llwyddo. Rwyt ti'n ansicr gyda'th ddelwedd, ac yn poeni'n ormodol beth mae eraill yn ei feddwl ohonot. Gan dy fod yn swil fe fyddi'n defnyddio dy allu a dy ymroddiad i greu cysylltiad ag eraill.

Ateb 3
Cariad yw'r peth pwysicaf i ti. Rwyt ti'n rhamantus, yn freuddwydiol ac yn greadigol. Dwyt ti ddim yn un am ddal yn ôl, ac fe fyddi'n llamu i berthynas newydd gan ymroi iddi'n llwyr. Rwyt ti'n cwympo mewn cariad yn gyflym ac yn hapus fel un o gwpl. Mae'n bosib y byddi di'n cael dy frifo, ac yn dioddef o dorcalon sawl gwaith cyn i ti ddod o hyd i'r partner perffaith, ond does dim byd llai na pherffaith yn gwneud y tro i ti!

Problemau

Dyma'r deg uchaf, y mwyaf cyffredin yn sicr i ti, ac yna deg rheswm pellach dros y problemau hynny. Cant o resymau dros deimlo'n rhwystredig! Hmm – gormod o lawer i unrhyw un orfod ymdopi ag e yn fy marn i!

1. Ansicrwydd
1. Siâp / maint y corff
2. Cyflwr y croen / plorod
3. Siarad yn gyhoeddus
4. Rhywun yn tynnu sylw ata' i
5. Dillad
6. Y person rwy'n ei ffansïo
7. Cwrdd â phobl newydd
8. Pobl eraill yn siarad amdana i
9. Gallu – h.y ddim yn gallu!
10. Sefyllfaoedd dieithr

2. Bechgyn
1. Byth yn gwybod os ydyn nhw'n fy hoffi i
2. Byth yn dweud dim
3. Ddim yn sylweddoli eu bod nhw'n gallu brifo
4. Byth yn ffonio / tecstio / anfon ebost pan ddylen nhw
5. Well ganddyn nhw fod yng nghwmni eu mêts
6. Dweud un peth ond yn gwneud yn gwbl groes
7. Gwrthod trafod problemau
8. Fy anwybyddu i
9. Dim ond eisiau un peth
10. Edrych ar ferched eraill drwy'r amser

3. Merched
1. Dweud ie, meddwl na
2. Dweud popeth wrth eu ffrindiau

3. Byth yn dweud pan fo rhywbeth yn bod
4. Disgwyl i ti fod yn *psychic*
5. Chwarae gêmau
6. Crio gormod
7. Gwneud ffys am y pethau lleia
8. Ypsetio dros ddim byd
9. Bod yn *clingy*
10. Pwdu drwy'r amser

4. Arian
1. Popeth yn ddrud
2. Wastad mwy gan bawb arall
3. Methu cadw lan
4. Methu fforddio gwneud pethau
5. Methu fforddio prynu stwff newydd
6. Ddim yn hoffi benthyg o hyd
7. Methu mynd mas
8. Pawb yn cymharu
9. Pawb yn beirniadu
10. Methu chwarae'r Loteri!

5. Rhieni
1. Ddim yn gwrando
2. Ddim yn deall
3. Busnesa
4. Fy nhrin fel plentyn
5. Ddim yn ymddiried
6. Meddwl bod rhoi stŵr yn ateb i bopeth
7. Cymryd popeth yn bersonol
8. Cymharu gyda phobl eraill drwy'r amser
9. Rhy llym
10. Meddwl taw sbeit yw'r rheswm tu ôl i bopeth wy'n neud

6. Y corff
1. Tyfu mewn llefydd od
2. Tyfu blew
3. Pawb yn syllu
4. Pawb yn cymharu
5. Dillad ddim yn ffitio
6. Croen yn afiach
7. Gwynto'n anghyfarwydd
8. Byth yn edrych fel y lluniau mewn cylchgronau
9. Newid o un dydd i'r llall
10. Y peth cyntaf mae pawb yn sylwi arno

7. Yr ysgol
1. Gorfod astudio pynciau 'sdim diddordeb 'da fi ynddyn nhw
2. Athrawon yn gwneud *big deal* o bopeth
3. Gormod o reolau
4. Bwlio
5. Cymharu canlyniadau
6. Beirniadu
7. Methu gwneud dim yn iawn
8. Treulio gormod o amser yno
9. Gwisg ysgol
10. Cael fy nhrin fel plentyn yno

8. Rhwystrau
1. Gorfod brwydro yn erbyn popeth
2. Neb yn fodlon gwrando ar fy safbwynt i
3. Neb eisiau deall fy rhesymau
4. Pawb yn dweud eu bod nhw moyn y gorau gen i
5. Pobl eraill moyn gwneud bywyd yn anodd
6. Gwneud i ti deimlo'n euog
7. Pobl eraill yn hunanol
8. Pobl eraill yn meddwl bod y pethau sy'n bwysig i fi yn ddibwys

9. Methu gwneud fel wy'n dewis
10. Rhwystredigaeth

9. Ffrindiau
1. Ddim wastad yn gwrando
2. Mynd â jôcs yn rhy bell
3. Cymharu
4. Beirniadu
5. Cenfigennu
6. Creulon
7. Ddim wastad yn deall
8. Eu problemau nhw'n bwysicach
9. Gallu brifo'n hawdd
10. Dadlau

10. Cyfrifoldeb
1. Gormod pan ti ddim moyn e
2. Dim digon pan ti moyn e
3. Rheolau'n newid bob dydd
4. Ti fod yn tyfu'n oedolyn
5. Ti'n cael dy drin fel plentyn
6. Pobl yn meddwl dy fod ti'n rhy ifanc i ddeall
7. Gorfod cymryd cyfrifoldeb drosot ti dy hun – ond dim ond pan mae'n gyfleus i rai eraill
8. 'Dan ni ond yn ifanc unwaith – dylen ni fod yn gallu joio
9. Gorfod dysgu o gamgymeriadau
10. Oedolion yn rhagrithwyr – nhw yw'r pobl lleia cyfrifol yn y byd weithiau!

Tantryms a woblars a cholli tymer

10 peth sy'n gwneud i ti'i cholli hi!

1 *'Pobl sy ddim yn sylweddoli bod gin y petha ma nhw'n neud effaith ar eraill. Fatha ysgariad, a thadau sy ddim isio gweld eu plant.'*

2 *'Llwyth o betha. Yn arbennig y ffor' ma pobol yn cymryd y blaned, yr amgylchfyd a ballu'n ganiataol.'*

3 *'Pobl snobyddlyd, sy'n barnu oherwydd cefndir / lle ti'n byw / pa ysgol neu beth bynnag. Pobl sy'n meddwl bo nhw'n well na phawb a bod pobl methu / ddim yn haeddu llwyddo os nago's lot o arian 'da nhw.'*

4 *'Rhwystredigaeth. Stress. Blinder. Weithie jyst eisiau sylw.'*

5 *'Mam a Dad. Bob tro!'*

6 *'Neb yn gwrando arna' i.'*

7 *'Rhieni, athrawon, brawd fi, bus drivers, ffrindiau, boyfriend, politicians ... unrhyw un rîli ... O! A computer fi ... ydy hwnna'n cyfri?'*

8 *'Gorfod bod yn rhywbeth rîli serious. Methu cofio'r tro diwethaf i fi golli nhymer a dweud y gwir.'*

9 *'Fy chwaer fach i – sawl gwaith y dydd!'*

10 *'Anhegwch. Rheolau llym – yn enwedig pan nad yw pawb yn cael eu trin yn gyfartal.'*

10 ffordd o golli dy dymer

Rhybudd! Mae rhai dulliau yn fwy effeithiol na'i gilydd!

1 'Dwi'n sgrechian gweiddi, yn stompio 'nhraed ... fath â plentyn dwyflwydd a deud y gwir!'

2 'Pwdu. Gwrthod siarad. Gwrthod bwyta, a jyst bod yn evil.'

3 'Rhegi llwythi!'

4 'Crio.'

5 'Mynd mas os alla i. Bendant cofio cau'r drws yn glep ar fy ôl.'

6 'Chwalu petha, gora oll os nad fi pia nhw.'

7 'Cwato yn fy stafell ac osgoi pobl gyment ac y galla' i.'

8 'Dyrnu rhywun.'

9 'Cadw complete control. Mewn ffordd scary. Mae'n rîli freako'r person arall mas achos nhw ddim yn 'i ddisgwyl e!'

10 'Mynd yn nyts. Trio brifo'n hunan.'

10 ffordd o ymdopi gyda'r dymer wyllt yna

1. *'Dwi'n dueddol o fynd allan ar fy meic neu mynd allan i redag. Dwi jest yn teimlo mod i'n gor'od gneud rwbath ... fatha bo gin i ormod o egni.'*

2. *'Fi'n cadw'r dymer i fynd cyn hired â phosib. Yn y diwedd ma pobl yn ca'l llond bol a wy'n dueddol o gael be wy moyn er mwyn iddyn nhw gael heddwch!'*

3. *'Gwrando ar 'yn hoff CDs yn rîli uchel a gweiddi canu 'da nhw.'*

4. *'Cyfri i ddeg yn araf, a phwyllo. Ddim moyn gweud rhwbeth na'i ddifaru wedyn.'*

5. *'Punch bag, clustog, wal ... s'dim ots beth – wy jyst angen pynsho, cico, gweiddi. Rhai pethe'n rili brifo a wy'n difaru wedyn, ond timlo'n grêt ar y pryd. Rhyddhad llwyr.'*

6. *'Mynd mas 'da'r bois, cael sbort ac anghofio pethau.'*

7. *'Neud rhywbeth i godi'n nghalon i, fel siopa ... a phrynu rhywbeth neis i fi'n hunan. Lipstic newydd gwedwch.'*

8. *'Ymlacio. Mewn bath twym, llawn bybls.'*

9. *'Meddwi'n racs.'*

10. *'Ffonio ffrind a chwyno.'*

Ac yn olaf, jyst er mwyn cadw'r ddysgl yn wastad ...

10 ffordd o ymddiheuro ar ôl colli dy dymer

Mae'n bwysig i ti edrych fel petai'n ddrwg gennyt ti, a dy fod ti'n swnio fel petai'n ddrwg gennyt ti – hyd yn oed os wyt ti'n teimlo'n hollol wahanol ar y tu mewn! Gwna i'r ymddiheuriad swno ac edrych yn iawn y tro cynta a dim ond unwaith fydd angen i ti ei neud e!

1 'Sbio i fyw llygaid y person ti'n siarad efo nhw.'

2 'Crio.'

3 'Croesi dy fysedd tu ôl i dy gefn!'

4 'Siglo llaw bachan neu roi cwtsh i ferch unweth i ti fenu, i wneud yn siŵr bod pethe'n olreit 'to.'

5 'Golygu be ti'n weud.'

6 'Cymryd amsar i feddwl be ti isio ddeud, sgwennu nodiada os oes rhaid. Mae'n gneud pob dim yn gliriach i mi.'

7 'Peidio gwylltio eto. Cadw dy dempar ar bob cyfri. Hyd yn oed os ti isio'i lorio fo!'

8 'Egluro'n gwmws shwt wyt ti'n timlo, a pham nes di fe.'

9 'Bod yn onest.'

10 'Dim ond ymddiheuro am be ti isio. Os ti 'di deud rwbath creulon, ond 'i fod o'n wir, fedri di ymddiheuro am y ffordd ddudis di heb ymddiheuro am be ddudis di!'

Fi – arddegyn llawen, llon!

Felly, beth sy'n gwneud pobl ifanc yn eu harddegau yn hapus? Beth fyddai'n eu gwneud yn hapus pe bai hanner cyfle? Mae'r atebion yn amrywio o'r doniol i'r difrifol, o'r cyffredin i'r anhygoel. Tybed elli di ddyfalu p'un ai merch neu fachgen roddodd yr atebion isod? Oes unrhyw beth licet ti ei ychwanegu at y rhestr?

Arian
Enwogrwydd
Heddwch
Dillad newydd
Gwybod bod rhywun yn fy ffansïo i
Cymru'n ennill
Stumog fflat
Rhywun yn gwrando
Siocled
Haul
Tecst
Merch bert mewn bicini bach
Anrhegion
Streic athrawon
Ferrari
Alcohol
Dim gwaith cartre
Blodau
Ffrindiau
Chwaraeon (gwylio a gwneud)
Cerddoriaeth
Stopo cael fy mwlio
Snog
Dynion noeth (golygus!)
Siopa
Cysgu

Cariad
Pwll nofio yn yr ardd gefn
Noson mas 'da'r bois
Diwedd newyn
Big Brother
Rhieni mas / bant am y penwythnos
Darganfod triniaeth effeithiol i gancr / AIDS
Stafell yn hunan
Orgasm
Penwythnosau
Dim rhagor o hiliaeth
Dawnsio fel ffŵl
Cyfiawnder
Mam
Car
Rhechu
Gwyliau
Edrych ar ôl yr amgylchfyd
Cwtsh
Pen-ôl llai
Parti
Fflyrtio
Bath
Jôc
Compliment
Diwedd creulondeb i anifeiliaid
Dêt
Teulu
Dim rheolau
Gyrru
Cyhyrau
Torri gwallt
Mynd â'r ci am dro
Dim misglwyf

Teimlo'n ddiogel
Celf
Pasio arholiadau
Dad
'Girlie night'
Sylweddoli pa mor lwcus ydw i
Bod yn unig blentyn
e-bost
Colur
Galwad ffôn
Gig
Esgidiau newydd
Bod yn hŷn
Peidio gorfod eillio
Dillad
Dim plorod
Colli pwysau
Bod yn secsi
Bechgyn
Merched
Hunanleddfu
Cariad golygus / pert
Rhyddid
Bronnau mwy
Mwy o arian poced
Ffrind gorau
Gonestrwydd
Pidyn anferth

Gyda sawl un o'r uchod wyt ti'n cytuno? A beth am dy ffrindiau? Gofynna i ti dy hun ac iddyn nhw beth sy'n eich gwneud chi'n hapus – ydych chi'n gwbl gytûn? Yn deall eich gilydd i'r dim? Tybed ... ?!

Wedi bod yna! Rhannu profiadau

'Dim ond rhyw ddwy flynadd yn ôl y llwyddis i weithio hyn allan. Mi fasa bywyd 'di bod dipyn haws taswn i 'di medru gneud hynny'n gynt. O'n i'n byw hefo Mam â'i gŵr newydd hi, ag o'dd Mam yn swnian byth a hefyd isio gwbod lle o'n i 'di bod, efo pwy, be o'dd y news. Ymyrryd 'de? Doedd hi ddim yn nabod y bobl, ddim yn gyfarwydd efo'r llefydd, wedyn pam na fasa hi'n ei chau hi a gadal llonydd i mi?!

Do'n i'm yn gweld llawar o bwynt gweiddi arni. Mi fasa dechrau ffrae yn fwy o draffarth nag o werth. Felly, deud y gwir, do'n i prin yn siarad efo hi o gwbwl. Rhyw fwmian ymateb lle o'dd rhaid. Haws 'de?

Un noson ddes i adra wedi meddwi braidd. Dim lot, jest digon i fod yn joli, a ddechreuish i ddeud petha wrthi. Enwau lle fues i'n yfad, pwy welish i ayyb – dim llawar, jest brawddeg neu ddwy, ffaith neu ddwy. Yn sydyn reit, dyma hi'n gwenu fel giât ac yn peidio â holi rhagor. Magic!

Dyna pryd y sylweddolish i nad oedd hi o reidrwydd isio'r manylion i gyd. Dim ond rhyw 'chydig o wybodaeth, er mwyn gneud yn siŵr mod i'n ocê. Roedd y mymryn lleia o gyfathrebu'n ddigon. Dyna pryd nes i sylwi mai deud dim oedd y peth gwaetha fedrwn i neud. Ro'dd hi'n ama bod rwbath mawr o'i le, yn poeni mod i ar ddrygs a ballu. Triwch o, wir rŵan, brawddeg a gwên yma ac acw, ac ma'r swnian yn stopio. Plesio pawb wedyn, dydi?'
Shane, 19 oed

'Y peth pwysica ddysges i – a ddysges i'r ffordd galeta un 'fyd, o'dd cadw at y rheole! Swno'n crap, ac o'dd e bach i ddechre, ond 'na'r unig ffordd o brofi y gall pobl ymddiried ynot ti.

O'dd yn rhieni i'n weddol llym 'da fi. O'dd rhaid fi ad'el partis cyn pawb arall, ag o'dd e'n rîli gwylltu fi! O'n i'n casáu ca'l fy nhrin fel plentyn bach. Wedyn benderfynes i eu hanwybyddu nhw – aros mas nes bo orie mân y bore. O'n nhw'n dou'n mynd yn ballistic bore wedyn, ond o'n i'n meddwl bod e werth e. Cael yn growndo am gwpwl o wythnose, wedyn mas eto o'r diwedd a neud gwmws run peth 'to!

A'th e mla'n fel'na am fisoedd, wedyn ar ddamwen un noson ddes i *gartre ar amser. G'ethon ni'n gwrthod yn y clwb 'ma, achos nago'dd I.D. 'da ni.*

Ond o'dd Mam a Dad ar ben eu digon, o'n nhw mor falch ohona i, yn canmol fy aeddfedrwydd i, bo fi 'di dysgu 'ngwers o'r diwedd bla bla bla ...

Yr wthnos wedyn, ges i aros mas 'da nhw am awr ecstra ... a fel'na o'dd hi oddi ar 'nny. Os o'n i'n stico at y rheole, o'n nhw'n llacio. O'n nhw'n dod i ymddiried yno i. Parch medden nhw, sens medde fi. Werth ei neud yn bendant!

Tua blwyddyn gymerodd e nes bo fi'n cael aros mas cyn hired â phawb arall ... oedd e'n teimlo fel ache ar y pryd, o'dd sai'n gweud, ond wy'n dala i fyw 'na nawr, ac erbyn hyn wy'n cael gneud yn gwmws fel wy'n dewis!'
Cara, 19 oed

Ffeil-o-ffaith

Angen esgus dros golli dy dymer? Gelli di feio fe ar yr hormonau!

- **Beth ydyn nhw?** Cemegion yn y corff sy'n 'rheoli' (!) tyfiant, hwyliau, emosiynau, cyflwr y croen – popeth sy'n ymddangosiadol amhosib eu rheoli yn ystod yr arddegau a dweud y gwir. Yn ystod yr arddegau mae lefelau hormonau yn newid yn gyflym ac yn gyson, wrth i'r corff dyfu a'r personoliaeth ddatblygu. Testosteron ac Oestrogen yw'r ddau brif ddihiryn!
- **A'r canlyniad:** Colli pob rheolaeth! Hwyliau ac emosiynau tymhestlog tu hwnt. Corff sy'n newid siâp yn feunyddiol, a chroen llawn plorod. Hyfryd!

ASBOs – rhodd perffaith i'r rhai sy'n methu â chadw trefn ar eu hunain, hormonau neu beidio!

- **Beth ydyn nhw?** Cytundeb telerau rhwng yr heddlu ac unigolyn i'w hatal rhag ymddwyn mewn modd anghymdeithasol. Gellir eu cael o ganlyniad i unrhyw fath o ymddygiad anghymdeithasol, gan gynnwys creu graffiti, ymddygiad bygythiol, yfed ac ysmygu o dan oed, sŵn, difrod, trais, rhegi a chymryd / gwerthu cyffuriau.
- **Pam?** Y syniad tu ôl i'r ASBOs yw eu defnyddio i reoli a gwella ymddygiad unigolyn. Nid yw ASBO yn ffurfio rhan o gofnod troseddol unrhyw un. Maent yn para o leia dwy flynedd, ond gallant bara'n hirach. Dy'n nhw ddim yn egsliwsif i bobl ifanc, ond mae dros hanner yr ASBOs yn cael eu rhoi i

blant a phobl ifanc dros ddeg oed.

- **A'r canlyniad:** Gwaharddiad rhag cael mynd i rai mannau neu ardaloedd, rhag cymryd rhan mewn gweithgareddau penodol a rhag gadael dy gartref ar ôl amser penodol. Os yw unigolyn yn torri telerau'r ASBO gall ddisgwyl derbyn hyd at 5 mlynedd o garchar – hyd yn oed os nad oedd y drosedd wreiddiol yn un y gellid ei garcharu o'i herwydd!

- **Ydyn nhw'n effeithiol?** Mae ystadegau diweddar yn awgrymu bod 42% o'r holl bobl sydd wedi derbyn ASBO wedi troseddu eto.

- **Ffaith ddiddorol!** Yn Gymraeg mae'r arddegau yn dechrau pan wyt ti'n 11 oed – ond rhaid i ti aros nes bo ti'n 13 i fod yn 'teen' yn Saesneg! Wedyn beth am y bobl ddwyieithog?! Wedwn ni 12 fel cyfaddawd?!

- **'Oed rheswm' yn ôl cyfraith gwlad yw 10.** Wedyn os ti'n mynd i golli dy dymer neu wneud rhywbeth difrifol, gwna fe tra bo ti dal yn 9!

fy nheulu

Pa fath o rieni sydd gennyt ti?

Defnyddia'r cwis i ddarganfod pa fath o rieni sydd gennyt ti, a pha fath o blentyn fyddai'n eu siwtio nhw orau ...

1. Rwyt ti'n cyhoeddi canlyniad arholiad i dy rieni. Pa ymateb gei di?
a. stŵr am beidio â chael marciau llawn
b. llwyth o gwestiynau ynghylch dy ymateb a'th deimladau di i'r canlyniad
c. cais am wybodaeth ynghylch canlyniadau dy ffrindiau
ch. cwtsh a chusan enfawr, pinsh ar dy foch, ac anogaeth i fynd yn bregethwr

2. Yn anffodus, mae un o dy rieni yn ymuno â thi ar drip ysgol. Sut maen nhw'n ymddwyn?
a. yn cadw llygad barcud arnot ti, gan weiddi gorchmynion yn gyson
b. cadw pellter, ond yn nodi pob un symudiad, edrychiad neu sgwrs wyt ti'n ei gael
c. cynnal sgyrsiau hir a manwl gyda dy ffrindiau, gan lwyddo i ganfod gwybodaeth helaeth ynghylch eu cefndir teuluol
ch. glynu wrth dy ochr, a gwneud ymdrech arbennig i fod yn un o'r gang

3. Rwyt ti'n gofyn caniatâd i fynd i barti yn nhŷ ffrind ar nos Sadwrn. Fe gei di fynd ar yr amod ...
a. y byddant yn dod i dy gasglu oddi ar y stepen drws am 9.30
b. y gallant helpu ddewis yr hyn y byddi'n ei wisgo, a rhoi cyngor ar sut i greu argraff ar dy 'ffrind arbennig'
c. y gallant ffonio rhieni'r person sy'n cynnal y parti am wybodaeth bellach

ch. y byddant yn cael aros am y drinc cyntaf, ac i ddechrau'r dawnsio

4. Ymysg dy anrhegion pen-blwydd mae gwerth £100 o arian parod. Mae dy rieni'n ...
a. dy orfodi i roi pob ceiniog mewn cyfrif cynilo
b. mynnu gweld pob eitem rwyt ti'n ei brynu, a phob derbynneb hefyd
c. canmol eitem o ddillad, cyn datgan y byddai'r lliw yn gweddu i'r dim i dy ffrind gorau
ch. gwneud copi o'th CD newydd gan ddysgu pob gair o bob cân, a cheisio cofio enw pob aelod o'r band

5. Daw dy rieni i wybod dy fod ti a dy ffrind wedi byncio prynhawn o wersi. Ydyn nhw'n ... ?
a. dy gosbi'n waeth nag y gallai unrhyw athro
b. dangos consýrn a chydymdeimlad mewn ymdrech i fynd at wraidd y broblem
c. edliw wrthyt ti na wnaeth dy frawd / chwaer ymddwyn yn y fath fodd erioed
ch. adrodd hanesion di-ri am brofiadau tebyg gawson nhw yn yr ysgol

6. Rwyt ti am roi'r gorau i un o'th ddiddordebau, (dysgu offeryn / clwb chwaraeon). Ydy dy rieni di'n ... ?
a. gwrthod gadael i ti wneud hynny
b. yn caniatáu i ti wneud, ond bod yn rhaid i ti rannu dy resymau â nhw
c. yn caniatáu i ti wneud, ond bod yn rhaid i ti ddod o hyd i ffordd adeiladol o dreulio'th amser hamdden
ch. wrth eu bodd bod gen ti fwy o amser nawr i dreulio yn eu cwmni nhw

Atebion

Os atebaist ar y cyfan gyda

a

Mae gennyt ti rieni llym. Maent yn gosod rheolau ac yn llawn ddisgwyl i ti gadw atynt, heb eu herio. Yn aml gelli deimlo eu bod yn dy drin fel plentyn. Mae'r rhieni yma'n hoff o gosbi, ac yn gwneud hynny'n gyson.
Ni ddaw bygythiad gwag o enau'r rhiant llym. Maent yn disgwyl parch, gonestrwydd, ufudd-dod ac aeddfedrwydd. Dyma'r rhiant delfrydol os wyt ti'n blentyn perffaith.

b

Mae gennyt ti rieni busneslyd. Maent yn garedig, ac yn dueddol o roi cryn dipyn o ryddid i ti. Fe fyddant yn parchu dy benderfyniadau os gelli egluro'r rhesymau drostyn nhw mewn manylder, ond yn anffodus, nid ydynt yn parchu dy breifatrwydd. Fe fyddant yn dy ystafell di yn gyson, yn darllen dy ddyddiadur, am wybod pwy sy'n ffonio, ble rwyt ti wedi bod, a beth fuest ti'n ei drafod. Maent yn barod iawn eu cyngor a'u cymorth, ond yn llwyddo i amharu'n aml. Dymuna'r rhiant busneslyd fod yn ffrind i'w plentyn. Dyma'r rhieni delfrydol i blentyn siaradus.

c

Mae gennyt ti rieni sy'n dy gymharu ag eraill byth a beunydd. Maent yn anodd eu plesio – er yn amlach na pheidio fe ymddengys y gall brodyr / chwiorydd / cefndryd / ffrindiau – unrhyw un arall a dweud y gwir – wneud hynny heb unrhyw fath o ymdrech yn y byd. Mae ganddyn nhw ddisgwyliadau uchel iawn ohonot ti, maent yn uchelgeisiol, ac am i ti gyflawni'th botensial. Gall deimlo weithiau fel petaen nhw ddim am wrando arnat ti, ac ar brydiau fel petaen nhw ddim yn dy adnabod di o gwbl. Dyma'r rhieni delfrydol i blentyn llwyddiannus.

ch

Druan ohonot ti! Mae gennyt ti rieni sy'n achosi embaras. Mae'r rhieni yma'n trio eu gorau i fod yn 'trendi' ac yn 'hip' ym mhob ffordd – gan gynnwys eu gwisg, eu geirfa a'u diddordebau. Nid ydynt yn gallu dawnsio. Yn glowniaid, yn llawn egni a hiwmor, maent yn garedig a chefnogol i'r eithaf. Rhaid iddynt fod yn ganolbwynt y sylw, ac o ganlyniad bydd hyn yn aml yn tynnu sylw atat ti. Mae pawb yn ymwybodol o bresenoldeb y rhieni *embarrassing*. Ti yn fwy na neb. Dyma'r rhieni delfrydol i blentyn hyderus a dewr.

Deg uchaf: Dywediadau rhieni
1. Na
2. Falle
3. Gofynna wrth dy dad / fam.
4. Sa i'n graig o arian.
5. Aros di nes bod dy dad / dy fam yn cyrraedd adre ...
6. Paid ti â meiddio ...
7. Tra bo ti'n byw dan fy nho i, fe fyddi di'n byw yn ôl fy rheolau i ...
8. Man a man bo fi'n siarad â'r wal ...
9. Pwy faga blant?
10. Sawl gwaith sy isie i mi weud wrthot ti ... ?

Deg uchaf: Dywediadau Mam-gu/Tad-cu
1. Dwi'n cofio ...
2. Cyn dy amser di ...
3. Yn yr hen ddyddie ...
4. Pan oeddwn i yr un oed â thi ...
5. Pan oedd dy fam / dy dad yr un oed â thi ...
6. Petawn i wedi cael yr un cyfle â thi ...
7. Petawn i ugain mlynedd yn iau ...
8. Oes yna siawns am baned o de?
9. Ble mae'r papur newydd yna?
10. Oes rhywun wedi gweld fy sbectol i?

Deg uchaf: Dywediadau brawd/chwaer fach
1. Mae e mor annheg!
2. Dim fi wnaeth!
3. Arnat ti mae'r bai!
4. Ma-am, Da-ad, mae ... wedi ...
5. Ga i fenthyg ...
6. Nes i ddim cyffwrdd ag e!
7. Dwi'n mynd i ddweud!
8. Ti wastad yn pigo arna' i ...

9. Tro fi nawr ...
10. Ti wastad yn cael dy ffordd dy hunan

A tra bo ni wrthi, a falle bod y rhain yn haws i'w deall / derbyn na'r rhestrau uchod ...

Deg uchaf: Dywediadau'r gath
1. Miaw
2. Prrr
3. Miaw
4. Prrr
5. Miaw
6. Prrr
7. Miaw
8. Prrr
9. Miaw
10. Prrr

Siarad â rhieni

Mae pob teulu'n wahanol, ac felly mae amrywiaeth anferth yn y graddau y mae teuluoedd yn cyfathrebu â'i gilydd, ac mae diffyg cyfathrebu rhwng oedolion a phobl ifanc yn gallu bod yn broblem anferth.

Beth am ddechrau gyda'r dadlau? Beth sy'n achosi dadl rhyngot ti a dy deulu? Tybed a fyddai'r canlynol ar restr deg ucha eich cartre chi?!

Deg dadl boblogaidd!
1. Ymddangosiad – dillad / colur / gwallt / piercings
2. Diffyg ymdrech i gynorthwyo o amgylch y tŷ / gyda'r gwaith ysgol
3. Arian
4. Treulio gormod o amser yng nghwmni ffrindiau / allan o'r cartre
5. Peidio â chadw at amserlen a gytunwyd
6. Treulio gormod o amser yn y stafell ymolchi
7. Diffyg cyfathrebu gyda dy rieni, ond yn treulio oriau yn siarad ar y ffôn / ar y we / tecsto ffrindiau
8. Cerddoriaeth rhy uchel
9. Cariadon
10. Diffyg parch

'Dwi'n siarad hefo Mam fatha taswn i'n adrodd rhestr! Unwaith 'dan ni adra, dwi'n adrodd fy amserlen, deud be ges i ginio, sôn am waith cartra. Dwi'm yn dalllt pam fod ganddi ddiddordeb, ond 'na fo wedyn. Diwedd ar yr holi a dwi'n cael dianc i'n stafell!'

'Fi'n ca'l bollockings am fod yn sgryff. Yr un peth bob tro ... 'Brynes di hwnna'n newydd?! Mae'n edrych fel se rhywun 'di bod yn ei wisgo fe'n barod!' Sai'n talu sylw. Wy'n lico'r dillad s'da fi.'

'Yn tŷ ni ma pawb yn gwbod popeth bytu pawb, pun ai os ti moyn iddyn nhw wbod neu beidio! Wedyn man a man jyst gweud yn lle cynta!'

'So'n fam i'n gwbod dim byd bytu fi. So ddi moyn gwbod chwaith. Synnu weithie bod hi'n cofio'n enw i!'

Y sgyrsiau *embarrassing* yna...

Fe allet ti honni bod bron pob sgwrs gyda dy rieni yn gallu troi'n sgwrs 'chwithig' o dan yr amgylchiadau cywir (neu anghywir!), ond beth am y canlynol fel man cychwyn?

Deg trafodaeth i wneud i ti gochi!

1. **Brenin y sgyrsiau chwithig ... RHYW!**
   Roedd y sgwrs yma'n haws pan oeddet ti'n blentyn pump oed yn gofyn o ble doist ti. Bryd hynny, roedd yr ateb yn dechrau gyda, 'Pan mae dyn a menyw yn caru ei gilydd lot fawr iawn, maen nhw'n priodi. Ar ôl gwneud hynny, maen nhw'n gallu cael babis ... ' Yn anffodus i ti, erbyn i ti gyrraedd dy arddegau, mae angen tipyn bach mwy o wybodaeth a thrafodaeth na hynny!

2. **Atal cenhedlu**
   Sgwrs sydd o bosib yn haws gyda nyrs / meddyg na gyda rhiant. Mae'n amhosib codi'r pwnc heb godi amheuaeth! Mae cymaint o opsiynau i'w trafod gallai'r sgwrs fod yn hir. Mae e hefyd yn golygu trafod mannau a materion preifat. Ond wedi dweud hynny, os yw'r rhiant yn ddigon rhesymol mae'n ffordd effeithiol tu hwnt o brofi aeddfedrwydd a chyfrifoldeb, hynny yw, os elli di ddiodde'r artaith!

3. **Cyffuriau**
   Mae'r rhan fwyaf o rieni yn naïf ynghylch cyffuriau. Ocê, mae rhai ohonoch chi'n anghytuno'n barod achos bod eich rhieni chi'n rhedeg canolfan i gyn-ddefnyddwyr heroin, ac maen nhw'n rîli gwbod eu stwff. Ond y gwir yw, rwyt ti'n gwybod mwy na dy rieni am gyffuriau. Ti 'di trafod y pwnc yn yr ysgol, falle 'di cael ymweliadau gan arbenigwyr, wedi darllen y taflenni, gwylio'r rhaglenni, gweld stwff ar y we, falle wedi trio rhywbeth dy hunan, a fwy na thebyg yn nabod rhywun sydd wedi gwneud. Ond dyw hynny dal ddim yn esgus dros beidio â chael y

sgwrs yma – ac fe fydd anwybodaeth dy rieni di yn llawer llai *embarrassing* os medri di sicrhau nad oes yr un o dy ffrindiau di yno i sylwi ar hynny!

4. **Alcohol**

Un o'r sgyrsiau gwaethaf, mewn ffordd. A hynny oherwydd bod y rhiant yn dueddol o rybuddio'r plentyn o'r holl beryglon ac effeithiau cyn mynd ati i fwynhau gwydraid bach o win neu debyg fin nos! Hefyd mae'n anodd trafod alcohol heb drafod ymddygiad meddw – y peth sy'n achosi'r mwyaf o embaras! Y bore wedyn yn enwedig!

5. **Beth yw bod yn hoyw? Pa ddarn sy'n ffitio yn lle?**

Cwestiwn digon teg, ond un mae'r rhan fwyaf o rieni yn awyddus i'w osgoi. Nid yn unig dydyn nhw ddim am feddwl am y peth, ond yn aml dy'n nhw ddim cweit yn siŵr sut mae egluro heb gochi, a heb ddefnyddio geiriau drwg. Yn anffodus fe all eu sgwrs fod wedi'i liwio gyda barn anffafriol o'r 'fath bobl' hefyd. Mae posibilrwydd o godi amheuaeth o dy dueddiadau rhywiol di ym meddwl rhiant a hynny dim ond wrth ofyn y cwestiwn!

6. **Poeni bod rhywbeth yn 'bod' ar y mannau preifat**

Eto falle'n syniad trafod gydag arbenigwr meddygol. Bydd yn fanwl yn dy eglurhad waeth gyda phwy ti'n siarad, a thria ddefnyddio termau / enwau mor gwrtais neu swyddogol â phosib. Cer i chwilio amdanyn nhw os oes rhaid! Y perygl mwya fan hyn yw os nad yw dy riant yn deall dy eglurhad fe fydd yn rhaid i ti ddangos! Ych!

7. **'Mam, Dad, mae gen i gariad... '**

Mae'r cyfaddefiad yn ei hun yn ddigon gwael, mae'n sicr o arwain at lwyth o gwestiynau, a chyn i ti sylweddoli bydd e wedi arwain at gyfarfod! Mae yna ffordd o wneud hyn yn hawdd, sef trwy wneud yn siŵr bod y math yma o sgyrsiau'n digwydd o'r cychwyn cyntaf. Mae'n llawer anoddach gwneud datganiad fel hyn ar ôl blynyddoedd o beidio â rhannu gwybodaeth! Fe allet ti ddechrau'r sgwrs trwy ddweud rhywbeth am ffrind – 'Mae ... yn ffansïo / mynd mas 'da ... ' Gelli fentro bydd dy rieni di'n dechrau holi dy hanes di wedyn!

8. Breuddwyd wlyb

Amhosib cuddio'r un yma oherwydd tystiolaeth amlwg ar ddillad / ddillad gwely, ac mae'n ddigon posib mai y rhiant ac nid y plentyn fydd yn awyddus i ddechrau'r sgwrs yma. Byddwch chi fechgyn yn ei chael hi'n haws trafod hyn gyda dyn, *man to man* megis.

9. Dechrau misglwyf

Gadael i riant wybod fod eu merch yn tyfu'n fenyw, neu'n cymryd y cam cyntaf yn hynny o beth o leia. Sgwrs sy'n codi cymaint o gwestiynau ymarferol. Beth i'w wneud? Pryd? Pa mor aml? Poenau? Hwyliau? Ar y cyfan fe fydd merched yn ei chael hi'n haws trafod hyn gyda menyw, a gelli fentro y bydd ganddyn nhw ddigonedd o wybodaeth a *tips* ymarferol i ti.

10. Teimladau

Shwt yn y byd mae disgwyl i ti drafod rhywbeth sy'n newid mor gyson fel nad wyt ti dy hun yn siŵr ohonyn nhw, heb sôn am ymdrechu i drio egluro rhywbeth na elli di gyffwrdd ynddo fe, ei weld e na'i wynto fe wrth rhywun arall?! Amhosib!

Diodde'r sgyrsiau *embarrassing*

Un peth pwysig y dylet ti ei gofio, rhywbeth fydd yn gwneud y sgyrsiau yma'n haws. Gan amlaf, eisiau sicrhau dy ddiogelwch di y mae rhieni wrth fynnu'r sgwrs. Y peth 'na 'bytu gofal, cariad a chyfrifoldeb yw e ... ie ... hwnna ...

- Yn amlwg, o ran y stwff technegol/corfforol, mae meibion yn tueddu i fod yn hapusach yn sgwrsio â'u tadau, a merched â'u mamau.
- Reit. Hyn angen dewrder, ond fyddi di mas dybl cwic os weithith e! Tala sylw. Hoelia dy lygaid ar dy riant, archwilia unrhyw ddeunydd addysgol yn fanwl tu hwnt, a gofynna lot o gwestiynau ...
- Tria beidio chwerthin. Anodd, ond wir nawr, mae'n osgoi stŵr, dadl, cyhuddiadau o beidio â chymryd y pwnc o ddifrif a 'sgwrs' sy'n para am oes.

- Gwranda! Paid â chwarae na ffidlan, paid torri ar draws ... gad iddyn nhw siarad a siarad a siarad nes bod nhw wedi cael dweud eu dweud. Cyflyma'n byd fyddan nhw'n gorffen, cyflyma'n byd fyddi di mas. Maths yw hynny!
- Gwna'r holl beth yn llai ffurfiol – mynna fynd am dro / chwarae golff – beth bynnag sy'n apelio, ond gwna rhywbeth sy'n cadw'r dwylo'n brysur er mwyn gwneud y profiad ychydig yn haws. Hefyd, fel hyn, bydd digon o bethau eraill i ti edrych arnyn nhw felly byddi di'n gallu osgoi llygaid dy rieni!

Ac os am osgoi'r sgwrs yn gyfan gwbl

- Bydd yn berson prysur iawn, iawn, iawn ...
- Dwed dy fod ti 'di cael gwersi yn yr ysgol eisoes a ddim moyn gwastraffu eu hamser prin nhw trwy ailadrodd y cyfan.
- Dwed wrthyn nhw dy fod ti'n hapus gyda'r lefel wybodaeth sydd gennyt ti ar hyn o bryd ond os byddi di eisau mwy o ffeithiau y doi di 'nôl atyn nhw! Ceisia swnio'n ddidwyll os wyt ti'n gweud celwydd.
- Gofynna a gei di ddefnyddio'r we i ymchwilio i'r pwnc dy hun. Ceisia eu darbwyllo fod darganfod yr wybodaeth drosot ti dy hun yn ffordd fwy effeithiol o ddysgu.
- Gwaedda, strancia a chria! Rho dy ddwylo'n dynn am dy glustiau a gweiddi canu 'la la la ... sai'n gwrando ar hyn ...' math 'na o beth. OND cofia ... os wyt ti fel arfer yn berson swil a thawel ac yn penderfynu trio hyn, falle bydd yn rhaid i ti weld doctor / aros mewn 'sbyty am bach ...
- Os yw popeth arall yn methu, beth am strop arddegol anferthol? 'O my God! No way ydw i'n trafod hyn gyda chi! Mae'n rhy *embarrassing*. Ac mae o i fod yn fywyd PREIFAT, a dwi moyn ei gadw fe felly!' Ac wedyn martsia i ffwrdd gan glepian drysau ... Dere nawr, ti fod yn arbenigwr ar ymddygiad fel hyn ... !

O ddifrif – cofia dydy rhieni ddim yn cynnig trafod problemau ac ateb cwestiynau os nad oes ots ganddyn nhw amdanat ti. Cofia hefyd fod y sgyrsiau yma'n gallu bod yr un mor anodd iddyn nhw weithiau. Paid â bod ofn troi atyn nhw, hyd yn oed os nad wyt ti fel arfer yn gwneud hynny. Yn rhyfedd iawn, 'sgwrs' yw'r union foddion weithiau! Ac yn olaf, cofia REOLAU AUR CYFATHREBU: rho wrandawiad teg, bydd yn onest, a bydd yn aeddfed. Does dim gobaith gennyt ti i gael dy drin fel oedolyn os nad wyt ti'n gallu ymddwyn fel oedolyn!

Brodyr a chwiorydd

Y deg peth gorau am frodyr a chwiorydd
1. Ei chael hi'n haws yn yr ysgol, os ydy'r athrawon yn eu hoffi nhw.
2. Ddim yn gorfod brwydro gymaint â'r hynaf i gael gwneud pethau!
3. Gallu rhoi'r bai arni hi / fe
4. Hwyl ar gael drwy'r amser
5. Rhywun i gadw cefn / amddiffyn / cysuro
6. Perthyn
7. Cwmni
8. Rhannu cyfrinachau, dillad, offer a gwaith cartref!
9. Gallu rhannu baich a deall dy amgylchiadau di
10. Rhywun i helpu clirio'r annibendod

A'r deg peth gwaethaf
1. Rhieni'n disgwyl i ti fod gystal â nhw
2. Pigo arnat ti
3. Hi / fe'n gallu rhoi'r bai arnat ti
4. Hi / fe yn gryfach / fwy na ti. Gallu brifo wrth ymladd
5. Edrych yn debyg
6. Dim llonydd i'w gael
7. Dadlau a thwrw
8. Dy bethau di yn mynd ar goll o hyd – CDs, dillad ayb
9. Byth yn ca'l dy ffordd dy hun
10. Cario clecs at Mam / Dad

Unig blentyn

A beth os wyt ti'n unig blentyn? Bendith neu felltith?

Y deg peth gorau am fod yn unig blentyn
1. Ddim yn gorfod rhannu unrhyw beth
2. Cael holl sylw dy rieni
3. Digon o lonydd a thawelwch pan wyt ti moyn hynny
4. Cael dy sbwylio
5. Stafell dy hunan
6. Agos iawn at dy rieni
7. Wastad yn cael dy ffordd dy hun
8. Neb i gymharu â nhw
9. Mwy o arian poced
10. Gallu gwahodd lot o ffrindiau draw yn aml!

A'r deg peth gwaethaf
1. Ddim yn gallu rhannu unrhyw beth
2. Cael holl sylw dy rieni
3. Gormod o lonydd a thawelwch ar adegau!
4. Mam a Dad yn dibynnu arnat ti
5. Pobl yn beirniadu / meddwl dy fod ti'n hunanol
6. Gallu bod yn unig
7. Gallu dy wneud yn swil
8. Neb arall i'w feio
9. Neb i fenthyg ganddyn nhw!
10. Gorfod gwneud y glanhau a'r gwaith tŷ i gyd!

Arian poced

Yn ôl ymchwil ddiweddar, plant Cymru yw'r cyfoethocaf ym Mhrydain a chanddyn nhw mae'r rhieni mwya hael o ran arian poced. Alla' i bron â dy glywed di'n dweud, 'Wel, wnaeth y bobl oedd yn cynnal yr ymchwil yma ddim siarad â fi!'

Sut i gynyddu arian poced!
Paid â phoeni, os wyt ti byth a hefyd yn *skint*... dyma rai awgrymiadau ynghylch sut i gynyddu dy arian poced. Rhybudd: mae rhai ffyrdd yn haws nag eraill!

Gofyn yn gwrtais
Dwyn o gadw-mi-gei dy frawd bach!
Helpu mwy
Ymweld â pherthnasau
Golchi'r car
Gwerthu hen stwff
Gwarchod
Glanhau
Garddio
Rownd bapur
Prynu anrheg i Mam/Dad
Bysgio
Dweud dy fod ti am brynu dy ddillad dy hunan o hyn ymlaen
Cytuno pris ar gyfer canlyniadau da yn yr ysgol
Gwneud a gwerthu pethau e.e. lluniau / cardiau
Gwneud gwaith cartre pobl eraill drostyn nhw! Am ffi, wrth gwrs!
Gweddïo!?!

Y plentyn perffaith

Gwisgais fy 'sgidie a throedio'r strydoedd, cnocio drysau, sefyllian ar gorneli stryd, (na dim fel'na!) a ffonio perthnasau, ffrindiau a hyd yn oed hen elynion yn enw ymchwil. Gofynnais i bobl orffen y frawddeg hon:

Yr arddegyn gorau yw arddegyn...
A dyma i chi rai o'r atebion!

Clyfar
Cyfoethog
Iach
Annibynnol
Gonest
Agored
Sy'n wyryf
Talentog
Aeddfed
Hapus
Cariadus
Diniwed
Sydd ddim yn smygu
Ufudd
Uchelgeisiol
Tawel
Ymarferol
Morwyn / Gwas / Nani / Garddwr / Gyrrwr / Mechanic / Cogydd...
Cyfeillgar
Cwrtais
Sy'n dioddef o alergedd at alcohol
Glân
Cytbwys
Ymroddgar

Bywiog
Dibynadwy
Poblogaidd
Ar fenthyg
Hyderus
Bodlon
Mud
Hoffus
Anweledig
Hawddgar
Naturiol
Diddorol
Pert
Llawn hiwmor
Diymhongar
Sydd ddim yn ateb 'nôl
Ystyriol
Diffuant
Tramor
Cymwynasgar
Moesol
Twp (dim ffioedd coleg!)
Prysur
Cyfrifol
Call
Cymdeithasol
Cydwybodol
Dymunol
Caredig
Diogel
Diolchgar
Sy'n cyfathrebu
Hunangynhaliol

Wedi bod yna! Rhannu profiadau

Ysgariad

Gyda chymaint ag un o bob dwy briodas yn chwalu erbyn hyn, mae nifer fawr o blant a phobl ifanc yn canfod eu hunain yn rhan o deulu ar wasgar. Does yna ddim un ateb sy'n mynd i ddelio hefo pob un sefyllfa, ond os yw hyn yn digwydd i ti, tria gofio nad wyt ti ar ben dy hun ...

'Ddaru Mam a Dad wahanu cyn fy mhen-blwydd cynta i. Dwi'm yn cofio Dad yn byw efo ni erioed. Mi adawodd o am 'i fod o'n cael affêr. Symudodd o ati hi i fyw yn syth bin, ac yno mae o hyd heddiw. Mi fues i'n ffodus iawn. Os oedd 'na rhyw hen ffraeo mawr a ballu, dwi ddim yn ei gofio fo. Dydi'r sefyllfa ddim yn rhyfadd i fi, dydi mywyd i heb newid mwya sydyn, fel yma fuodd pethau 'rioed. Ma Mam a Dad yn casáu ei gilydd. Tydyn nhw ddim yn siarad, a fi sy'n gneud trefniada i weld Dad erbyn hyn.

Dwi'n byw efo Mam, ac yn aros efo Dad ar benwythnosau. Peth ydi, erbyn hyn dwi isio mynd allan efo fy mêts hefyd dydw? Dwi'm isio peidio gweld Dad, ond dwi'm isio colli allan ar betha eraill chwaith. Dwi'n teimlo'n euog os nad ydw i'n ei weld o. Cha' i'm aros efo fo os oes gin i ysgol drannoeth. Dwi'm yn dallt pam chwaith. 'Di o ddim yn byw mor bell â hynny o'r ysgol – ond dyna 'di'r rheola am wn i! Dwi'n licio cariad Dad, mae hi'n ffeind efo fi, a tasa hi ddim yn gariad i Dad, mi fasa hi a Mam yn tynnu mlaen yn iawn! Rhyfadd 'de?! Dydi Mam erioed wedi ei gweld hi dwi'm yn meddwl!

Mi oedd Mam a Dad yn arfar cystadlu yn erbyn ei gilydd am fy sylw i, isio profi mai nhw o'dd ora, a deud clwydda am y llall, trio 'nhroi i yn eu herbyn nhw. Ges i anrhegion ganddyn nhw, rhai drud hefyd – cyfrifiadur, ffôn, dillad a ballu. O'n i'n licio'r anrhegion wrth gwrs. Pwy 'sa ddim? Ond fedrwn i ddim diodda'r ddau'n slagio'i gilydd o hyd. Y flwyddyn diwetha mi ddudish i wrthyn nhw. Yn blaen. Rhowch gora iddi, neu fydda i ddim isio gweld 'run ohonoch chi. Fedra i mo'i odda fo. Mam 'di Mam. Dad 'di Dad. Dwi'n eu caru nhw ill dau, a dwi isio eu gweld nhw ill dau. Doeddwn i'm yn dallt sut oedd y slagio a ballu 'di para mor hir.

Dwi'n 14 rŵan. Mi fasach chi'n meddwl y basan nhw 'di rhoi'r gora iddi erbyn hyn. Plentynaidd 'de? Beth bynnag, rois i ffrae go hegr iddyn nhw ac maen nhw 'chydig yn well 'rŵan ... am ryw 'chydig o leia!'

'Dowlodd Mam Dad mas ddwy flynedd nôl. So ni 'di gweld na chlywed dag e ers 'nny, ond mae e wedi priodi 'to, welon ni lun ohono fe yn papur. Sa i'n gwbod be ddechreuodd nhw off, ond o'n nhw jyst bach yn bigog ar y dechre. Wedyn yn dadle ambell waith — o'dd e'n teimlo'n normal i fi. O'n nhw wastad yn cymodi wedyn am sbel. Patshyn anodd wedodd Dad wrtha' i unweth, dweud ei fod e'n digwydd i bawb. Ond o'dd y flwyddyn olaf cyn iddo fe fynd yn afiach. O'n nhw'n trio peidio dadle o 'mlan i achos bo fi'n ypseto. Felly, erbyn diwedd, os o'n i 'bytu'r lle, o'dd Dad ddim — mas yn gwitho'n hwyr, hynny neu o'dd y ddou ohonyn nhw mewn stafelloedd gwahanol. O'n nhw byth yn gweud gair wrth ei gilydd, a fi fel 'go between' rhyngon nhw — 'gofyn i dy fam ... ' a 'gofyn i dy dad ... ' o'dd popeth. Ac wedyn, o'n nhw'n sgrechen gweiddi ar ei gilydd pan o'n i yn gwely. O'n i'n clywed pob gair, clywed pethe'n ca'l eu twlu, pethe'n smasho. O'dd ofn arna' i weithie 'u bo nhw'n brifo'i gilydd, ond o'dd ofn arna' i godi 'fyd. Bydden i'n cwato yn y gwely ac yn llefen.

Gyrhaeddes i gartre o'r ysgol un diwrnod i ffindo stwff Dad ar y dreif, a Mam 'di newid y cloeon. Gloiodd Mam ni yn y tŷ, a naethon ni jyst aros iddo fe ddod gartre. A'th e'n wyllt pan droiodd e lan. Tua 10 oedd hi wy'n credu. O'dd hi'n hwyr ta beth — yn dywyll. O'dd e'n treial torri mewn, smasho ffenestri a stwff. Ffoniodd Mam yr heddlu, a'r tro diwetha weles i fe, o'dd e'n stryglan i drio torri'n rhydd o'r heddwas o'dd yn ei stwffo fe yn y car. So fe hyd yn oed 'di ffono. Dim carden pen-blwydd na dim byd. Wy'n gweld ei isie fe weithie, ond sa i'n gwbod ble mae e, a so fe moyn fy ngweld i yn amlwg. Ma' hwnna'n rhoi loes. Ma' Mam lot hapusach nawr, a fi ... Mae e dal yn od 'ma weithie hebddo fe ... ond ni'n dod i ben. Licen i 'se pethe'n gallu bod fel o'n nhw pan o'n i'n fach ... ond dy'n nhw ddim, odyn nhw?'

'Ysgariad Mam a Dad oedd y peth gora a'r peth gwaetha ddigwyddodd i'n teulu ni 'rioed. O'n i ym mlwyddyn 8. Dwi'n ei gofio fo mor glir. Ddaru nhw ofyn i ni'n tri ddod i eista ar y soffa a jest cyhoeddi eu bod nhw'n ysgaru. Do'n i'm yn dallt. Doeddan nhw rioed 'di ffraeo, dwi'm hyd yn oed yn cofio gair croes! Dwi'n ddiolchgar am hynny wrth gwrs, ond fedrwch chi ddim dychmygu'r sioc. Mi o'dd o'n anferth. Dim byd yn gneud synnwyr, dim rhybudd ... jyst ysgariad. Mi oeddan nhw'n hollol normal. Deud nad oeddan nhw'n caru'i gilydd rŵan. Braidd medrwn i goelio, roeddan nhw mor rhesymol.

O fewn wsnos, mi o'dd Dad yn symud o 'na. O'n i isio mynd efo fo, ddim isio iddo fo fod ei hun. Do'dd Mam ddim isio i mi fynd. Isio i ni'r plant fyw efo'n gilydd. Ddudodd Dad 'run fath. Dwi'n falch nes i aros rŵan, i ofalu am fy mrawd a fy chwaer fach. Fi 'di'r hynna ac ata i oeddan nhw'n troi. Doeddan nhw ddim yn dallt chwaith, nag oeddan?

Ddaru Dad brynu tŷ yn yr un un stryd wedi hynny. Dwi'n ei weld o bob dydd, ac yn aros draw 'na pan dwi isio, ond yn swyddogol dwi'n byw efo Mam. Mae'n rhyfadd, ond yn grêt eu bod nhw 'di aros yn gymaint o ffrindia. 'Dan ni'n gneud petha fel teulu o hyd – gwylia, Dolig, pen-blwyddi a ballu. Bob dim a deud gwir. Ma gan Dad gariad newydd ac ma Mam 'di dyweddïo, ac ma'r pedwar ohonyn nhw'n ffrindia. Dyna sy'n rhyfadd. Ma' Mam a Dad ar y ffôn efo'i gilydd, byth a hefyd, picio am banad 'fo'i gilydd a dyna sy waetha. Dwi'm yn dallt pam ddaru nhw wahanu o gwbl. Ma' gynnyn nhw feddwl y byd o'i gilydd. Dwi'm isio i Mam ailbriodi, a dwi ddim isio i Dad gael cariad. Dwi isio iddyn nhw fod efo'i gilydd. Ma' pob plentyn yn deud hynny am rieni sy 'di ysgaru, mi wn i hynny. 'Dan ni'n ffodus iawn mewn un ystyr, dwi'n gwbod hynny. Oedd mi oedd yr ysgariad yn boenus i ninnau hefyd, ond lasa fo 'di bod ganwaith gwaeth. Ond ddylia fo ddim bod wedi digwydd o gwbl tasach chi'n gofyn i mi, a dyna 'di'r pwynt 'de? Does neb byth yn gofyn barn eu plant, nagoes?'

Ailbriodi

'Ailbriododd Dad leni. Nago'n i moyn iddo fe rîli, ond wy'n mynd off i'r coleg mewn cwpwl o fisoedd, wedyn so fe'n effeithio arna' i gyment â 'nny. Ma Jayne yn lyfli a ma Dad yn hapus. Ambell waith mae'n teimlo fel bo ni'n bradychu cof Mam ddo. So ni yn, wy'n gwbod. Bydde hi moyn i Dad fod yn hapus. Cliché, odi, ond ma' fe'n wir. Y peth od amdano fe yw'r instant teulu mawr, dros nos! Llwyth o bobl yn symud mewn, yn byw yn y tŷ, yn hanner perthyn i ti, a braidd bo ti'n nabod nhw. Ddim yn gwbod y peth lleia ambythdu nhw. Popeth mewn lle cyfarwydd yn teimlo'n ddieithr mwya sydyn ... wel, fel'na o'n i'n teimlo, ond wy'n credu 'se fe'n wa'th tase ni 'di gorfod symud atyn nhw am ryw reswm ... cartre newydd ar ben popeth arall!'

Babi newydd

Dyna le y'ch chi, yn un teulu bach dedwydd, wel, wedi arfer â'ch gilydd o leia, a mwya sydyn ma' peth bach iawn, iawn yn cyrraedd ac yn newid popeth. Bwndel o lawenydd? Dim bob amser!

'Sai'n lico cariad Mam. Byth wedi. Dim un rheswm, jyst ddim yn lico fe, ond so ni'n dadle na dim. O'dd Mam a fe 'di bod yn gweld ei gilydd ers 'bytu blwyddyn pan wedodd Mam bod e'n mynd i symud mewn aton ni. Erbyn hyn, wy'n gwbod mai'r rheswm symudodd e i mewn o'dd achos bod Mam yn dishgw'l, ond wedon nhw ddim gair wrtha i ar y pryd.

Ges i sioc. S'dim brawd na chwaer 'da fi. A nago'n i'n gwybod dim 'bytu babis. Nes bod e'n cyrraedd o'n i ddim wir yn teimlo dim byd. Weithie o'n i'n edrych mlaen at gael brawd neu chwaer fach, ond wedyn bron bo fi'n ddigon hen i fod yn dad iddo fe! Pan gyrhaeddodd e, Chris, o'dd e'n eitha ciwt, ond yn eitha boring. Ddim yn gneud dim byd lot. Cachu, drewi, bwyta, cysgu a sgrechen! O'n i'n ffaelu deall shwt alle rhywbeth mor fach neud sŵn mor fawr!

Bob nos, os o'dd e'n deffro – ag o'dd e, bob dwyawr – o'dd pawb arall yn deffro 'fyd. Nage fi o'dd yn codi i fwydo fe, ond man a man bo fi, o'n i'n effro. Iawn iddo fe, gallu cysgu wedyn drwy'r dydd, ond o'dd ysgol 'da fi. O'n i'n treial helpu, chware dag e, canu a stwff, rhoi bath – ddim yn newid napis os o'n i'n gallu help. So fe'n cysgu drwy'r nos dal, ond dim ond *unwaith falle dwywaith mae e'n deffro. Mae e yn stafell ei hunan erbyn hyn, felly weithie wy'n codi a mynd ato fe yn y nos i roi brêc bach i Mam. Wy'n gwarchod weithie hefyd. Jyst cwpl o orie, i Mam gael gneud ei gwallt, neu siopa. Wy'n joio. Mae'n hwyl nawr. Mae e'n gneud mwy o stwff – yn gwenu, yn chwarae, a chwerthin. Fydd e'n well byth pan fydd e ar y PS2 'da fi!*

Ma' bywyd i gyd yn troi o'i amgylch e nawr! Os y'n ni'n mynd i rwle, pryd ni'n mynd, i ble y'n ni'n mynd, pwy mor hir y'n ni'n aros, popeth . Fe yw'r bòs. Mae e'n rheoli popeth. Un peth bach â thri oedolyn yn rhedeg ar ei ôl e. Wel dau a hanner!

Wy'n meddwl y byd ohono fe, ond weithe wy'n colli cael Mam i'n hunan. Ma' Chris wedi helpu mherthynas fi â cariad Mam, er bo fi'n casáu cyfadde 'nny. Ni'n dau yn dala i gadw mas o ffordd ein gilydd, ond mae pethe tamed bach yn haws nawr. Mae rhywbeth 'da ni'n gyffredin.'

Cam-drin

Yn emosiynol, yn feddyliol, yn gorfforol, yn rhywiol neu'n gyfuniad o'r rhain, gall unrhyw fath o gam-drin fod yn brofiad arteithiol, ynysig ac arswydus. Ym mhob achos, os yw'r cam-drin yn digwydd yn uniongyrchol o fewn y teulu neu ar y ffiniau, nid yr unigolyn yw'r unig un sy'n cael ei niweidio. Mae cam-drin yn gallu chwalu teuluoedd cyfan, o ganlyniad i feio, brifo, cuddio, cyhuddo ac euogrwydd ac mae'r effeithiau'n gallu para oes.

Isod mae stori Peter; mae'n 19 oed erbyn hyn. Bu'n cael ei gam-drin yn ystod ei arddegau cynnar. Mae wedi cytuno i rannu ei stori, yn y gobaith y bydd o gymorth i eraill.

'Ges i fy ngham-drin yn rhywiol gan fy ewythr am gyfnod o bum mlynedd. Rhwng 9 a 14 oed. Cam-drin rhywiol, ond y cam-drin emosiynol oedd waetha, hwnna sy'n dal i effeithio arna' i.

Fy ewythr oedd yn gyfrifol. Brawd, a ffrind gorau fy nhad. O'n ni'n deulu agos, pawb yn byw yn agos at ei gilydd, yn ymweld yn gyson. O'dd fy ewythr yn gweud wrtha i bo fi'n arbennig, 'mod i'n golygu mwy iddo fe na'r lleill, ei fod e'n fy ngharu i fwy nag unrhywun arall ac mai dyna pam o'dd e'n fy nhrin i fel hyn, yn y ffordd arbennig yma. O'dd cyfrinach 'da ni nago'dd neb arall yn gallu'i rhannu, a doedd dim byd mwy gwerthfawr na hynny. O'r dechrau, o'n i'n gwybod bod rhywbeth o'i le, bod y cyfan yn rong, ond o'dd e mor garedig wrtha i ar un llaw, ac mor fygythiol ar y llaw arall. Do'n i ddim yn gwybod lle i droi.

Roedd fy ewythr yn gwarchod yn aml pan o'dd Mam a Dad yn mynd mas. Mae chwaer a brawd iau 'da fi. Bydden i'n ymbil ar fy rhieni i aros yn y tŷ gyda ni, neu'n trio fy ngore i fynd mas, at ffrind, at Mam-gu, at unrhyw-un, i gael bod unrhywle heblaw yn y tŷ – jyst ni a fe.

O'dd Mam a Dad yn meddwl bo fi'n cael cyfnod clingy, ac o'dd 'yn ewythr i wastad yn troi lan 'da gême, ffilm, neu losin – rywbeth i'n sbwylo ni. Rhywbeth i neud i Mam a Dad feddwl y bydden i wrth fy modd unwaith iddyn nhw fynd mas o'r tŷ.

Ar achlysuron teuluol, gwyliau neu Nadolig neu beth bynnag, pan o'dd pawb dan yr un to, ro'n i'n esgus cwympo i gysgu yn stafell fy chwaer, neu'n gwneud yn siŵr byddai lot ohonon ni'n cysgu yn yr un stafell, fel nad oedd e'n gallu cael gafael arna' i, ond oedd e'n fy nghosbi i'n waeth wedyn.

Y peth gyda cham-drin yw bod y rhai sy'n gyfrifol yn llwyddo i ennyn y fath bŵer dros y sawl sy'n dioddef. Roedd fy ewythr wedi llwyddo i ddarbwyllo fi ar y dechrau 'mod i'n wahanol, yn arbennig. Nes ymlaen, pan fyddwn i'n bygwth dweud, fe fyddai'n chwerthin. Fyddai neb yn fy nghredu i, yn credu plentyn cwynfanllyd oedd ofn ei gysgod ei hun cyn credu oedolyn, brawd a ffrind gorau. Ag o'dd e'n iawn, o'n i'n gwybod hynny – pwy fydde'n gwrando arna' i? A pheth arall, pe bawn i'n dweud fe fydden i'n gyfrifol am chwalu'r teulu gyda chyhuddiadau afiach a bydde neb yn fy nhrysto i 'to, pawb yn fy nghasáu i am drio pardduo ei enw da fe. Celwyddgi fydden i am weddill fy oes. Felly fe gredes i e, gadwes i'n dawel a thynnu'n bellach i 'nghragen i bob dydd.

Roedd Mam a Dad wedi sylwi fod fy ymddygiad i, fy mhersonoliaeth i, wedi newid, mod i'n nerfus, yn swil, ond pan fydden nhw'n gofyn os oedd rhywbeth yn bod, ysgwyd fy mhen a brwydro yn erbyn y dagrau fydden i, a chael winc slei gan fy ewythr am wneud. Poenau tyfu oedd eu casgliad yn y pen draw.

Un haf galwodd fy ewythr gyda'r newyddion ei fod e wedi trefnu mynd â ni'n tri ar wyliau arbennig iawn, i roi brêc i'n rhieni i. Hen bryd iddo fe ddod i nabod fy mrawd bach gystal ag yr oedd e'n fy nabod i medde fe, a dyna pryd snapes i. Doedd dim ffordd yn y byd y gallen i adael iddo fe gam-drin fy mrawd bach i fel o'dd e'n neud i fi. O'n i fel creadur gwyllt, yn gweiddi, pwnsho a chicio unrhyw beth ac unrhyw un oedd yn y ffordd. Driodd 'yn ewythr gydio ynof fi ond frathes i fe, ei gicio fe, a redes i mas o'r tŷ.

Yr heddlu ffindodd fi, yn cuddio mewn sgip tu ôl i'r ganolfan hamdden. Sai'n cofio cyrraedd yna. O'n nhw am fynd â fi adre ... o'dd pawb yn poeni amdana i medde nhw. Pawb wedi bod yn chwilio, Mam, Dad, fy ewythr i ... wrthodes i fynd gatre a dechreuodd yr heddlu holi, a finnau'n gweud bo fi moyn Mam ... jyst Mam. Yn y stesion, wedes i bopeth wrthi hi a'r heddlu yr un pryd. O'dd Mam yn bishys. Euogrwydd, beio'i hunan am beidio â sylweddoli er ei fod e'n amlwg bod rhywbeth yn bod, ond o'dd e'n ryddhad i mi. Dyna'r peth gore nes i. Do'n i ddim ar ben yn hunan rhagor. Beth bynnag fydde'n digwydd nawr, o leia o'dd rwle 'da fi droi, o'dd rhywun arall yn gwybod, rhywun yn credu.

O'dd ofn gweld Dad arna' i – o'dd gyment o gywilydd arna' i – a do'n i ddim yn siŵr sut fydde fe'n ymateb. O'dd e'n dawel, dan straen. Wi'n gwybod o'dd rhaid iddo fe drio'n galed iawn i beidio â cholli rheolaeth o 'mlaen i – trio peidio ffrwydro, peidio lladd yr anghenfil o frawd oedd ganddo. O'dd pethe ddim yn rhwydd, ond welon ni ddim mohono fe 'to. Dim nes bo'r achos llys.

Do, fe rwygodd y teulu. Rhai'n ei gefnogi e, eraill yn dewis fy nghredu i. Rhai'n fy nghyhuddo i o ddweud celwydd ac yn troi yn erbyn Mam a Dad o fy achos i. O'dd hynny'n anodd iawn – eu gweld nhw'n godde o'm herwydd i.

Gyffesodd e yn y diwedd. Chwe mlynedd o garchar ga'th e. Blwyddyn am bob blwyddyn o'r cam-drin fwy neu lai. Dim hanner digon. Wy'n teimlo fel 'se fe 'di dwyn 'y mhlentyndod i, fy arddegau i, a wy ffaelu cael y cyfnod 'na nôl. Rhy hwyr nawr.

'Wy 'di cael lot o gwnsela, ar ben 'yn hunan a 'da'r teulu, ac mae'n help. Wy'n dal i fynd. A mynd bydda i am sbel hir 'to. Se'n i'n gorfod rhoi cyngor i unrhyw un yn yr un sefyllfa, 'na'i gyd allen i ddweud yw gwedwch wrth rhywun – unrhyw un – a hynny'n glou. Gnewch yn siŵr eu bod nhw'n gwrando. Dyna'r unig ffordd. Mae cadw'r gyfrinach jyst yn ychwanegu at bŵer y person drosot ti.

'Wy dal yn cael trafferth agosáu at bobl, ffurfio perthynas. Sai'n ymddiried yn neb ... wy'n cadw 'mhellter, cadw'n hun yn ddiogel. Mae lot o bobl yn meddwl bo fi'n ffroenuchel, ond alla i fyw 'da hynny.

'Wy'n dechre dod. Bob tro wy'n cymryd cam 'mlaen, wy'n cymryd dou gam nôl, ond wy'n cael cefnogaeth Mam a Dad trwy bopeth. Amynedd ac amser ... a gewn ni weld. Ond wna i byth anghofio.'

Ffeil-o-ffaith

Dyma i ti ddeg ffaith ddiddorol yn ymwneud â theuluoedd:

- Mae un o bob 5 person yn y Deyrnas Unedig o dan 16 oed. 20% o'r boblogaeth, felly.

- Yn 2004 roedd 1.77 plentyn ym mhob teulu ar gyfartaledd. .77 plentyn?! Unrhyw syniadau?!

- Mae rhieni cymaint ag un ym mhob 3 plentyn wedi ysgaru. Dyw hynny ddim yn cyfri'r plant sydd â'u rhieni wedi gwahanu, nac ychwaith y rhieni hynny wnaeth ddim priodi yn y lle cyntaf.

- Mae cymaint ag un o bob dwy briodas yn chwalu.

- Ar gyfartaledd mae pobl ifanc rhwng 13 a 15 oed yn gwario £20.95 yr wythnos.

- Ar gyfartaledd mae merched yn gwario mwy na bechgyn, £21.50 o gymharu â £20.40.

- Mae bron i 36% o wariant pobl ifanc ar losin, bwydydd melys, diodydd ysgafn a bwydydd eraill.

- Ar gyfartaledd mae gan un ym mhob dau deulu anifail anwes

- Pysgodyn aur yw'r anifail anwes mwyaf cyffredin.

- Ar gyfartaledd mae pobl ifanc yn eu harddegau yn treulio cyn lleied ag awr a hanner y dydd yng nghwmni eu rhieni.

ffrindiau

Ffrind gorau

Os oes gen ti gannoedd o ffrindiau, mae'n siŵr y byddi'n agosach at un ohonyn nhw nag at y gweddill. Fe fydd gennyt ti ffefryn. Y ffrind gorau. Hyd yn oed mewn criw bach cadarn o ffrindiau da, fe fyddi di'n dueddol o fod fymryn yn agosach at un ohonyn nhw, yn eu ffonio nhw gyntaf pan fo newyddion mawr i'w rannu! Mae cariad yn gallu bod yn ffrind gorau – yn sicr maen nhw'n mynd â dy sylw di i gyd ar adegau – ond math gwahanol o ffrind sydd dan sylw yma.

Beth yw ffrind da?

1. Mae ffrind da yn...

Onest	Ffyddlon
Hwyl	Digri
Deall	Gwisgo dillad 'run seis â fi
Cefnogol	Miliwnydd
Amddiffyn	Gyrru!
Rhannu	Dewr
Clyfar	Rhoi cwtsh
Codi 'nghalon i	Gwneud i mi chwerthin
Sychu fy nagrau	Siaradus
Gwrando	Dweud sori
Cadw 'nghefn i	Cytuno
Cysuro	Cydymdeimlo
Ysbrydoliaeth	Poeni
Cyson	Presennol
Cofio	Gwneud ei gorau
Teimlo fy mhoen i	Werth y byd
Rhoi	Rhannu
Derbyn	Hyderus
Amyneddgar	Hael

Sensitif	Chwim (meddwl)
Ymddiried	Cadw cyfrinach
Rhoi barn	Rhoi cymorth
Ystyriol	Ennyn parch
Sbardun	Tynnu sylw
Gadael llonydd	Llawn hiwmor
Gofyn barn	Rhannu baich
Gyfeillgar	Fy mharchu
Ffonio	Fy rhoi i gynta
Dwys	Hurt
Gofalu	Gwybod jôc da
Credu	Maddau

2. Dydy ffrind da ddim yn...

Bradychu	Troi cefn
Gwneud Hwyl	Ffals
Beirniadu	Ffoi
Di-amynedd	Anystyriol
Osgoi	Bychanu
Celwyddog	Beio
Baich	Creulon
Oriog	Defnyddio
Cymryd mantais	Bygwth
Cadw'n dawel	Brifo
Rheoli	Anwybyddu
Ofni	Cystadleuol
Slei	Disgwyl
Gwrthod	Amau
Anghofio	Hunanol
Cenfigennu	Busnesu
Dau wynebog	Beio
Gwadu	

Sut wyt ti a dy ffrind gorau'n cymharu gyda'r uchod? Ydy hi'n bryd ailasesu'ch cyfeillgarwch chi, tybed?!

Deg uchaf – y pethau pwysig os am fod yn ffrind

1 Gwrando
2 Ymddiried
3 Bod yn onest
4 Bod yn ffyddlon
5 Deall
6 Cefnogi
7 Rhannu baich
8 Cadw cyfrinach
9 Cael hwyl
10 Peidio â throi cefn

Gwneud ffrindiau newydd

Teimlo'n unig? Heb ddod o hyd i'r ffrind perffaith eto? Neu falle wedi gorfod ailystyried dy gyfeillgarwch gyda rhywun? Gall hynny fod yn siom ac yn arteithiol o boenus, ond tria fod yn bositif, coda dy ben yn uchel a bant â thi. Dyma i ti fan cychwyn ...

Deg ffordd o wneud ffrindiau newydd

1. Ymuno gyda chlwb
2. Yn yr ysgol
3. Ar y we
4. Trwy frodyr a chwiorydd
5. Gwenu
6. Mynd i lefydd newydd
7. Gwaith
8. Plant ffrindiau dy rieni (!!!)
9. Bod yn agored
10. Rhannu diddordebau

A deg ffordd sicr o'u colli nhw!

1. Bradychu nhw
2. Dangos dy hun
3. Gwneud hwyl am ben pobl eraill
4. Mynnu sylw
5. Dweud celwydd
6. Troi cefn
7. Sarhau eu teulu
8. Chwalu ymddiriedaeth
9. Cadw cyfrinachau
10. Siarad tu ôl i gefn rhywun

Cofia:

- Dyw hi ddim yn hawdd i rywun newydd geisio torri i mewn i gylch o ffrindiau sy'n nabod ei gilydd ers sbel – a phwy a ŵyr? Falle mai'r person newydd yma fydd y ffrind gorau gefaist ti erioed, felly bydd yn agored a chyfeillgar.

- Dyw gwên ddim yn costio dim. Mae'n ffordd syml iawn o dorri'r iâ ac yn arwydd y gall pawb ei ddehongli.

- Does gan neb byth ormod o ffrindiau!

- Fel gyda *chat-up lines*, mae'n ddefnyddiol cael ambell i gwestiwn neu sylw wrth law sy'n gyfle i agor sgwrs gyda rhywun newydd. Paid â jyst dweud 'Helo' neu 'Haia', cynigia gwestiwn hefyd, mae'n help i ddatblygu sgwrs. Os taw ti yw'r person newydd mewn sefyllfa ddieithr – tria 'Haia! Sa'i di bod yma o'r blaen, wyt ti?' Os ti yw'r person sy'n rhan o'r criw neu'n gyfarwydd â'r sefyllfa, beth am ddechrau gyda 'Haia! Sa'i 'di gweld ti 'ma o'r blaen ... ' Syml, ond effeithiol!

- Cofia fod iaith y corff yn adrodd cyfrolau am dy agwedd di ac am sut berson wyt ti – a hynny o'r eiliad cyntaf un!

Sut ffrind ydw i?

Dewisa pa un o'r tri gosodiad fyddai'n cwblhau'r frawddeg i dy ddisgrifio di orau, ac yna cyfra dy sgôr i ddarganfod pa fath o ffrind wyt ti.

1. Rydw i _____ cadw cyfrinach.
a) bob amser yn
b) yn anobeithiol am
c) yn gwybod pryd a phryd i beidio

2. Pan mae gen i gariad, rydw i'n treulio _____ o amser gyda fy ffrind gorau.
a) mwy
b) llai
c) yr un faint

3. _____ roi barn gonest am ymddangosiad fy ffrind gorau.
a) Gallaf bob amser
b) Ni allaf
c) Weithiau, gallaf

4. Hoff liw fy ffrind gorau yw_____ .
a) ymmmmm..... (enw'r lliw).... wy'n credu...?
b) enw'r lliw
c) dim syniad!

5. Mae casgliad CDs fy ffrind _____ .
a) yn werth ei ddwyn!
b) yn gwmws fel fy un i
c) yn hollol *embarrassing*!

**6. Mae fy ffrind gorau yn gwybod_____
amdana i.**
a) dim byd
b) rhai pethau
c) popeth

7. Rydw i'n gwybod _____ am fy ffrind gorau.
a) popeth
b) dim byd
c) rhai pethau

8. Mae cariad fy ffrind gorau yn _____ .
a) hyllbeth afiach!
b) berffaith iddi / iddo
c) gorjys!

9. Byddaf yn gwneud i fy ffrind gorau chwerthin_____ .
a) bob dydd
b) bob wythnos
c) bob mis

10. Os ydy fy ffrind gorau yn ypset fe fyddaf i _____
a) yn ffonio nes ymlaen
b) yn rhy brysur yn poeni am fy mhroblemau fy hun
c) yno ar unwaith

Sgôr

1. a) 1 b) 3 c) 2   **2.** a) 1 b) 3 c) 2   **3.** a) 2 b) 3 c) 1
4. a) 1 b) 2 c) 3   **5.** a) 2 b) 1 c) 3   **6.** a) 3 b) 1 c) 2
7. a) 2 b) 3 c) 1   **8.** a) 3 b) 2 c) 1
9. a) 2 b) 1 c) 3   **10.** a) 1 b) 3 c) 2

Canlyniadau
0-14

Rwyt ti'n ffrind da. Rwyt ti'n boblogaidd tu hwnt ac mae gen ti nifer o ffrindiau. Mae gen ti sawl peth yn gyffredin gyda dy ffrind gorau, gormod weithiau! Gall dy ffrind gorau ymddiried ynot ti, ond rwyt ti mor brysur nad wyt ti'n sylweddoli weithiau gymaint mae dy ffrind dy angen di – bydd yn ofalus, achos gall hynny ddigwydd ar adegau pwysig! Fe fyddwch yn cael hwyl yng nghwmni'ch gilydd yn chwerthin ac yn rhannu jôc. Rwyt ti'n dibynnu ar dy ffrind gorau, ond ddim yn llwyr. Mae rhywbeth ynot ti sy'n dy atal rhag gwneud. Fe all dy ffrind gorau ddibynnu arnat ti'n llwyr. Rwyt ti'n barod i ymddiheuro ar ôl dadl, yn rhy barod o bosib! Gelli faddau, ond nid yw hynny bob amser yn hawdd. Os oes rhywun yn dy frifo di, rwyt ti'n dueddol o beidio â dweud. Dwyt ti ddim yn hoffi ffys! Rhaid i ti ddysgu sut i ddatblygu dy gylch cyfeillion ac amrywio dy gyfeillgarwch, dysgu gwrando, dysgu camu 'nôl a dysgu sut i fod yn unigolyn cryf ar ben dy hun, nid yn unig yng nghwmni dy ffrind.

15-25

Rwyt ti'n ffrind perffaith! Rwyt ti a dy ffrind gorau yn cael lot fawr o hwyl yng nghwmni'ch gilydd, ond fe fyddwch hefyd yn rhannu pob baich, yn cysuro ac yn cynnig cymorth pan fo angen. Ti yw'r person delfrydol i sychu dagrau a phaentio gwên yn ôl ar wyneb dy ffrind. Rwyt ti'n hynod ffyddlon, ac yn cadw cefn dy ffrind ar bob achlysur. Fe all dy ffrind ddibynnu arnat ti pan fo dy angen, a ti fydd y cyntaf i glywed unrhyw newyddion. Rwyt ti'n dda am gadw cyfrinach, ond fyddet ti byth yn fodlon peryglu bywyd dy ffrind er mwyn cadw cyfrinach. Rwyt ti'n gallu ymddiheuro a chyfaddef bai pan fo angen, ac rwyt ti'n gallu maddau'n hawdd. Mae gennyt ti a dy ffrind nifer o ddiddordebau tebyg, ond rydych hefyd yn ddigon unigryw i allu anghytuno a chyflwyno'ch gilydd i brofiadau newydd. Gwylia rhag i dy ffrind fynd yn or-ddibynnol arnat. Er dy fod yn *super*-ffrind nawr, gofala rhag i ti golli cyfleoedd, ac aberthu dy ddatblygiad dy hun trwy adael i ffrind reoli dy fywyd di.

26-30

Rwyt ti'n ffrind hunanol. Er dy fod yn hoffus ac yn hwyl i fod yn dy gwmni, dwyt ti ddim am rannu'r gofidiau. Rwyt ti'n berson emosiynol, ac yn aml yn ffeindio dy hun angen trafod, cysur neu gyngor. At dy ffrind gorau y byddi di'n troi bob tro. Mae perygl i ti fod yn hunandosturiol. Fe elli fod yn ddiamynedd ac yn amharod i wrando ar broblemau dy ffrind, yn aml yn chwilio am esgus neu am gynnig gwell! Nid yw dy ffrind yn ymddiried ynot bob amser, er y byddet yn casáu iddi / iddo rannu dy gyfrinachau di. Anaml iawn y byddi'n ymddiheuro wedi dadl, ac er y byddi'n dweud dy fod yn maddau, dwyt ti byth yn gwneud hynny'n llwyr. Fe elli ymddangos yn ddihid, ac fe elli di frifo rhywun i'r byw, er nad wyt ti'n sylweddoli hynny. Ychydig iawn o ddiddordebau yr wyt ti a dy ffrind yn eu rhannu, ac mae sawl peth mae dy ffrind yn ei wneud, neu'n ei wisgo, yn codi cywilydd arnat ti. Rwyt ti'n teimlo bod dyletswydd arnat i addysgu a newid dy ffrind, ond mae'n rhaid i ti ddysgu derbyn a charu dy ffrind fel ag y mae e / hi. Gwylia rhag i ti fod yn rhy hunanol, a chofia fod cyfeillgarwch yn fater o roi yn ogystal â derbyn.

Dadlau

Mae rhai pobl – ffrindiau, cariadon, brodyr, chwiorydd – yn dadlau â'i gilydd byth a hefyd, tra bod eraill ddim yn dadlau o gwbl, ond os yw'n digwydd, gall y ddadl fod yn un chwerw, yn un sy'n brifo, ac iddi ganlyniadau sy'n para.

Pam dadlau o gwbl? Beth yw diben dadl? Ydy dadlau'n llesol? Yn niweidiol? Yn rhyddhad? Yn ddiwedd neu'n ddechrau? Ocê – digon o gwestiynau am y tro. Hen bryd cael atebion!

'Does dim yn well i glirio'r aer na ffrae go hegar.'

'Wy'n casáu dadle, wy wastad yn teimlo mor annigonol achos sai'n gallu meddwl am insults yn ddigon cloi!'

'Mi ges i ffrae enfawr hefo'n ffrind gorau rhyw flwyddyn yn ôl, a dwi byth 'di maddau iddi. Mi wnaeth hi 'mrifo i i'r byw.'

Deg uchaf – rhesymau dros ddadlau
1. Bechgyn
2. Merched
3. Lledaenu straeon
4. Siarad tu ôl i gefn
5. Celwydd
6. Eiddo personol
7. Preifatrwydd
8. Rhannu cyfrinach
9. Cenfigen
10. Cymharu

Dylanwad

Ateba'r cwestiynau isod i ddarganfod faint o ddylanwad sydd gennyt ti dros bobl eraill, neu faint mae pobl eraill yn dylanwadu arnat ti.

1. Cyn gwneud penderfyniad pwysig, rwyt ti'n ...
a) ymgynghori ag un ffrind agos
b) ymgynghori ag unrhyw un wneith wrando
c) ymgynghori â neb heblaw ti dy hun

2. Beth sy'n well gennyt ti ... ?
a) bod yn ddibynnol ar un person arall
b) bod yn ddibynnol ar sawl person arall
c) peidio â gorfod dibynnu ar unrhyw un arall o gwbl

3. Os wyt ti'n cynnig cyngor i ffrind, ydyn nhw'n ...
a) gwneud yn union fel rwyt ti'n ei awgrymu
b) yn dy anwybyddu di
c) yn ystyried yr hyn rwyt ti'n ei ddweud wrth wneud eu penderfyniad

4. Faint o bobl sy'n troi atat ti am gyngor?
a) neb
b) pawb
c) ambell un

5. Ydy pobl yn cynnig gwneud pethau drosot ti?
a) byth
b) ambell waith
c) bob dydd

Atebion

1. a) 10 b) 5 c) 0
2. a) 10 b) 5 c) 0
3. a) 0   b) 5 c) 10
4. a) 5   b) 0 c) 10
5. a) 5   b) 10 c) 0

Sgôr

0-15

Rwyt ti'n dylanwadu ar bobl eraill i raddau helaeth iawn. Mae pobl yn dilyn dy esiampl di, ac yn aros i glywed dy farn di cyn ffurfio eu barn nhw eu hunain. Rwyt ti'n sicr iawn ohonot ti dy hun, ac yn ymfalchïo yn dy allu i wneud y penderfyniadau cywir ar bob un achlysur. Rwyt ti'n arweinydd.

20-30

Rwyt ti'n anobeithiol am wneud penderfyniadau drosot ti dy hun. Mae barn eraill yn bwysig tu hwnt i ti. Anaml iawn y bydd pobl eraill yn gofyn dy farn neu'th gyngor, gan amlaf am na fyddi di'n siŵr beth yw e. Mae'n syndod dy fod yn llwyddo i ddewis pryd bwyd drosot ti dy hun!

35+

Rwyt ti'n berson weddol hyderus a dwyt ti ddim yn gadael i bobl eraill ddylanwadu'n ormodol arnat ti. Rwyt ti'n gofyn cyngor os oes ei angen, ac yn ystyried unrhyw gyngor yn rhesymol. Mae pobl eraill yn parchu dy farn, a dwyt ti ddim yn trio dylanwadu ar eraill i wneud fel rwyt ti'n mynnu.

Ffrindiau gorau'n troi'n elynion pennaf

Anaml iawn y mae dadlau'n brofiad pleserus, ond weithiau mae e jyst y peth i glirio'r aer a chael dechrau o'r newydd. Dadlau gyda ffrind agos yw'r ddadl waethaf un, ac mae'n hawdd brifo rhywun rwyt ti'n ei nabod gystal. Mae hefyd yn anoddach maddau i rai nad wyt ti'n disgwyl iddyn nhw roi loes i ti. Gall ffrindiau gorau droi'n elynion pennaf o fewn ychydig eiriau neu ychydig eiliadau.

Dyma hanes Stewart a'r siom a gafodd yntau pan drodd un math o berthynas i mewn i un arall ...

'O'n i'n 12 pan na'th Mam a Dad ysgaru achos bo Mam wedi penderfynu ei bod hi'n lesbian. O'n ni gyd mewn sioc ac o'dd e'n gyfnod anodd ofnadw. Ffindon ni mas bod cariad 'da Mam – Mandy. Cwpl o wythnose wedyn gyrhaeddes i gatre a 'na lle o'dd pawb yn bwyta swper mewn distawrwydd. A'r fenyw 'ma yn eistedd yno nesa at Mam ... a dyna'r tro cynta i ni gyfarfod â Mandy. Symudodd hi mewn aton ni bron yn syth. O'n i'n casáu'r peth. Wedes i wrthyn nhw un noson bo fi'n mynd i symud allan at Dad. Ypsetodd Mam – drio'dd hi'n galed i beidio crio, ffaelu gweld bai arna' i medde hi, o'dd hi'n deall. Os taw 'na beth o'n i moyn fydde hi ddim yn fy rhwystro. O'dd hi ddim moyn fy ngholli i, ond o'dd Mandy yma i aros. Eglures i nage Mandy o'dd e, ond y pentre, y lle, y bobl yn sibrwd a phwyntio aton ni ac o'n i ffaelu godde rhagor.

'Y sgwrs yna oedd y sbardun i ni gyd (ni'n 3, Mam a Mandy) symud bant. Neb yn nabod ni. Ysgolion newydd, popeth. A doedd neb yn gorfod egluro Mandy. Lodger, Anti, Nani ... beth bynnag o'n i moyn iddi fod. Ond y gwir yw, ofynnodd neb, felly wedon ni ddim byd.

'Wedi i ni symud, ffindes i fod bachan yn byw ar yr un stryd â ni o'r enw Ollie. Alwodd e draw y nos Sul cyn i fi ddechre ysgol a chynnig cerdded 'da fi. O'dd e'n foi cyfeillgar, a chyn hir oedd e wedi nghyflwyno i lot o bobl.

Droiodd e mas bo ni yn yr un flwyddyn 'fyd, a daethon ni'n ffrindiau da. O'dd e'n fachan poblogaidd, wedyn gwrddes i â'r rhan fwyaf o'r flwyddyn a neud ffrindie'n gloi. O'n i mas drwy'r amser. Mam yn cwyno bo fi byth gytre, ond yn falch bo fi'n setlo a gweud y gwir. Fi a Ollie mewn a mas o dai'n gilydd byth a hefyd. Mam yn lico Ollie, a rhieni Ollie'n lico fi.

Nes i ddim egluro wrtho pwy o'dd Mandy, ond Ollie o'dd yn tynnu mla'n â hi ore! O'dd e'n sgwrsio 'da ddi hyd yn oed. Ofynnodd e rioed wrtha' i pwy o'dd hi, a bues i'n pendroni sawl gwaith tybed o'dd e'n ame. Os o'dd e wedodd e ddim byd, o'n i'n lico meddwl mas o barch, ond cwrteisi o'dd e siŵr o fod, ddim moyn busnesa falle. Ofynnodd rhieni Ollie i Mam, ond gyflwynodd Mam hi iddyn nhw fel 'ffrind' o'dd yn aros 'da ni am sbel fach a 'na fel o'dd pethe, bywyd yn braf am fisoedd. O'dd pawb mor falch bo ni 'di symud. O'dd e mor wahanol i fel o'dd pethe, neb yn gwbod, neb yn poeni, a ni'r plant yn teimlo'n normal 'to.

Da'th Ollie mewn aton ni i ga'l bwyd ar ôl ysgol un noson fel o'dd e'n neud yn weddol aml erbyn hyn, a 'na le o'dd pawb yn cael hwyl rownd y bwrdd bwyd. Noson arferol jyst byta, siarad, chillo ... Wedi 'nny, es i ag Ollie at y drws, gan neud yr un jôcs 'bytu galw tacsi iddo fe, ac addo galw ar y ffordd i'r ysgol bore fory. Wrth i fi gau'r drws, droiodd Ollie rownd fel 'se fe 'di anghofio rwbeth a gofyn am Mandy. Rhaid bo fi 'di gwelwi achos wedodd e bod dim ots, jyst wyndran. Wenes i, a meddwl wrth 'yn hunan pam lai? Ma' e'n ffrind 'da, wedith e ddim wrth neb.

"Cariad Mam yw hi,' medde fi. Wharddodd e, wedyn gweld bo fi o ddifri a troi'n lletchwith, ond o'n i'n browd o'n hunan bo fi 'di gweud.

Es i alw am Ollie fore wedyn fel arfer. O'n i'n meddwl falle bydde fe moyn gofyn pethe, ag o'n i'n nerfus bydde pethe bach yn od, ond na'th e ddim gofyn. Na'th e ddim cydnabod bod e'n gwbod hyd yn oed. Popeth yn hollol normal rhyngon ni ar y ffordd i'r ysgol a gyda'r bois drwy'r bore.

O'n i'n hwyr mewn i'r ffreutur amser cino ac erbyn i fi gyrraedd o'dd pawb rownd y ford yn byta. Droiodd y bois i gyd rownd i edrych arna' i a stopo siarad yn syth. Ambell un yn cilwenu, ambell un yn cuddio'u chwerthin yn eu siwmperi. Tawelwch wrth i fi iste. Neb yn gweud gair, ddim yn edrych ar ei gilydd. Edryches i'n syth i lygaid Ollie, 'Caria mla'n,' medde fi yn garedig, ond o'dd e'n osgoi'n llygaid i, ac o'n i'n gwbod. O'dd pobl 'di syllu arna' i fel hyn o'r bla'n. Y tawelwch annioddefol am rai eiliadau 'to, cyn bod un neu ddou yn cliro'u llwnc a'u platie a chael esgus cyfleus i ddianc. Ddalies i mlaen i fyta heb edrych ar yr un ohonyn nhw, gan ganolbwyntio'n llwyr ar gynnwys y plât fel na fydde'r dagrau'n ca'l dianc. Ollie'n sylweddoli mewn chwinciad taw dim ond ni'n dau oedd ar ôl nawr, ac yn brysio i godi, ond o'n i ddim am adel iddo fe ddianc mor rhwydd.

'Wedes di wrthyn nhw,' medde fi, yntau'n codi'i ysgwyddau fel bachgen bach drwg yn ca'l stŵr. 'Pam?' ofynnes i'n dawel, ffaelu edrych arno fe, rhag ofn i 'nhymer i ei dagu fe. 'Wedes di ddim wrtha i bido,' medde fe. Ag o'dd e'n berffaith iawn, wedes i ddim! Golles i hi wedyn, colli pob rheolaeth ac alla i ddim cofio dim un gair arall heblaw Ollie yn gweiddi, 'Achos bo dy fam di yn blydi lesbian mochedd!'

Mewn chwinciad fel'na, o'dd pawb yn gwbod. O'n ni'n rhyw freaks bach 'to. Ges i rybudd i osgoi Ollie a dyna beth nes i. Ei le e o'dd ymddiheuro. Ond na'th e ddim, o'dd e dal yn frenin yn ei gastell, pawb yn dwlu arno, a dim rhagor o groeso i blant y dyke. Sai 'di gweud gair wrtho fe ers 'nny. Mae e'n cymryd bob cyfle i heclo, ond wy'n ei anwybyddu fe. Ofan beth bydde i'n trio neud 'sen i'n gad'el i'n hunan golli' 'nhymer.

O'n ni'n tri moyn symud 'to, moyn dechre rhywle arall, ond o'dd Mam a Mandy'n bendant nad o'dd neb yn mynd i ga'l y gore arnyn nhw 'to. Wedyn 'na fe, fi'n gorfod godde'r sylwadau slei, y gwthio a'r pynshys 'da'r boi 'ma o'n i'n arfer hanner ei addoli. Wy'n dal i iwso o leia hanner fy egni i bob dydd mewn ymdrech i'w osgoi e. A'r hanner arall yn ei anwybyddu fe.'

Cymodi

Ai dadl yw'r diwedd ar gyfeillgarwch am byth byth bythoedd? Mae'r dadlau'n hawdd; yr ymddiheuro a'r cymodi sy'n anodd. Mae'n cymryd person aeddfed iawn i gyfaddef eu bod nhw ar fai.

Ai'r peth gorau yw aros i weld beth sy'n digwydd? Neu oes angen ymddiheuro – hyd yn oed pan nad wyt ti'n teimlo dy fod ti ar fai? Ymbil am faddeuant a wedyn cario mlaen fel tase dim byd o gwbl wedi digwydd?

'Os taw dy fai di yw e, rhaid ti fod yn ddigon o gwmpas dy bethe i sylweddoli 'nny a gweud sori. 'Sdim pwynt esgus o's e?! Ac ma' pobl yn parchu fe os ydyn nhw'n galler gweld bo ti o ddifri'.'

'Hira 'dach chi'n ei adal o, gwaetha'n byd ydi o. Os 'dach chi 'di ffraeo efo ffrind, a ddim yn siarad hefo nhw, ma' rhaid gneud rwbath yn fuan.'

'Os nagw i'n gallu wynebu gweud rhywbeth, neu ma' wastad gormod o bobl eraill o gwmpas, neu so pwy bynnag yw e'n fodlon gwrando, wy'n hala tecst neu'n ysgrifennu e-bost. Ti'n gallu meddwl be ti moyn gweud, egluro'n iawn, a so nhw'n gallu ateb 'nôl nes bod ti 'di cwpla gweud popeth wyt ti moyn!'

'Wy wastad yn gweud sori. Hyd yn oed os nagw i cweit yn deall pam, nac yn meddwl bo fi 'di gneud dim byd o'i le! O'n i byth yn arfer gneud. Ond mae angen dau berson i ddadle, ac os 'yn nhw 'di dy frifo di, mae'n siŵr bod rheswm am 'nny 'fyd!'

'Merched yw'r gwaetha! 'Da bechgyn, ysgwyd llaw, gweud sori a jyst anghofio fe ... ma' merched wastad moyn huge deep & meaningfuls, mynd drwy bopeth wedes ti a dadansoddi'n fanwl. Mae'n mynd ar fy nerfau i! Sa i moyn gwbod pethe fel'na, wy jyst moyn anghofio fe. Ma'r ddou berson 'di gweud pethe stiwpid heb reswm siŵr o fod, ond sai'n credu fod merched yn *gallu madde heb y ffys 'na i gyd. Wedyn os ti'n dadle 'da merch, tough, rhaid ti odde fe!'*

'Fi'n casáu e os yw pobl eraill yn busnesan mewn dadl sy jyst rhwng dou berson. Nhw'n bod yn gas 'da ti achos bo ti 'di gweud rwbeth wrth eu ffrind nhw. Sa i byth yn gneud 'nny, achos ti'n bennu lan yn gorfod cymodi 'da llwyth o bobl. Sorta fe 'da'r person arall, a f**c off pawb arall!'

'Ges i ddadl anferth 'da'r ferch 'ma yn ysgol unwaith. O'dd hi'n rili gas. Hi ddechreuodd e, a dim ond amddiffyn fy hun nes i. O'n ni ddim yn siarad am 'bytu pythefnos, ag o'dd e'n effeithio ar bawb arall erbyn hynny. Yn y diwedd es i lan ati a gweud wrthi fod beth wedodd hi wedi brifo, ac o'n i'n meddwl dyle hi ymddiheuro. Y peth yw, o'dd hi ddim wedi ymddiheuro cyn 'nny achos o'dd hi'n meddwl dylen i. O'n i 'di gweud pethe o'dd wedi brifo hi 'fyd, ond o'n i jyst ddim yn cofio achos o'n i mor obsessed 'da beth wedodd hi! Gaethon ni'n dwy chat da ambytu fe, ag o'dd popeth yn iawn wedyn.'

'Dwi'n casáu os ydi rhywun yn dod ata i ac yn deud "ma' so and so'n ymddiheuro, ti'n madda?" Nach'dw, ddim os nad ydyn nhw am ddod draw i ddeud drostyn nhw'u hunain, neu sut dwi fod i wybod bo nhw'n ei feddwl o?!'

Maddau

Ocê. Ti wedi dadlau, ti wedi ymddiheuro, ti wedi cymodi hyd yn oed. Un peth bach ar ôl – wel, un peth mawr a dweud y gwir. Y peth anoddaf un am ddadlau a chymodi efallai. Y peth olaf yn y broses. Maddau.

'Os ti'n gweud bo ti'n madde, wedyn ma' rhaid i ti olygu fe. Ti ffaelu gweud e, pido meddwl e, wedyn dod â fe lan 'to bob tro chi'n dadle bytu rhywbeth arall.'

''Di madda ddim yn bosib bob tro nacydi? Ond dwi'm yn gwbod os fedri di *fod yn fêts efo rhywun os na fedri di faddau.'*

'Ti'n gallu dal i fod yn ffrind i rywun heb fadde. Ond fydd pethe'n wahanol wy'n credu, er, os nagych chi'n gadael i'r un peth ddigwydd eto dyle bod pethe'n olreit.'

'Hyd yn oed os fedri di fadda, nei di'm trystio'r person eto na nei? Os 'di ffrind 'di bod efo dy gariad di, ti o hyd yn mynd i feddwl y gneith hi hynny eto'n dwyt?'

'Ma'n rhaid i ti brofi bo ti'n haeddu maddeuant on'd o's e? Ti ffaelu ymddiheuro a wedyn gneud yr un peth dro ar ôl tro, so hynny'n haeddu maddeuant nagyw e? Rhaid ti neud yn siŵr bod ffrind yn gallu dod i drysto ti 'to. Mae maddeuant yn cymryd sbel, dyw e ddim yn digwydd ar unwaith os oes rwbeth difrifol wedi digwydd.'

'Ma' pobl yn meddwl bo ti'n madde iddyn nhw, wedyn 'na fe. Popeth yn olreit 'to am byth. Ma' fe'n gallu cymryd amser i bethe fod yn normal 'to, ond os ti'n gweud o'r dechre, ac yn gweithio arno fe, yn lle penderfynu bo ti methu trafferthu, fydd pethau'n ocê yn y diwedd.'

'Os na fedri di fadda i rywun, fedrith neb dy orfodi di i neud. 'Di o'm yn golygu bod rhaid i chi ffraeo am byth chwaith. Fedrwch chi gadw allan o ffordd 'ch gilydd, medrwch?'

Cyfrinachau

Dyletswydd pob ffrind da yw cadw cyfrinachau. Peidio dweud wrth yr un dyn byw. Ond mae hynny'n gallu creu problemau weithiau – er enghraifft pan fo pobl yn darganfod ffaith, yn sylweddoli dy fod ti'n gwybod, ac yn honni y dylai rhywun fod wedi dweud wrthyn nhw.

Dweud neu beidio – oes yna enghreifftiau lle mae rhannu cyfrinach yn dderbyniol ... ? Ystyria'r sefyllfaoedd canlynol. Sut fyddet ti'n ymateb?

Mi ddaru fi a'n ffrind feddwi dros y penwythnos, ac mi oedd o'n hynod o sâl. Mor sâl nes i mi fynd i banig a galw ambiwlans. Aeth o i'r ysbyty a chael pwmpio'i stumog. Mi oedd o'n aros acw gan bod fy rhieni i ffwrdd felly trwy lwc doedd dim angen dweud wrth neb arall. Ddaru nhw ofyn yn yr ysbyty am rif cyswllt i'w rieni fo, ond nes i dwyllo nhw a dweud eu bod nhw i ffwrdd. Yr hyn sy'n fy mhoeni i yw be os ydi hyn yn digwydd eto? Ddyliwn i ddeud bryd hynny? Ddyliwn i fod wedi dweud wrth ei rieni fo? O'dd y cwbl yn eitha traumatic a dwi'm yn meddwl allwn i ddelio hefo hyn i gyd ar ben fy hun eto.

'Os yw e 'di digwydd unwaith, sai'n credu neith e ddigwydd eto, ond gallet ti siarad â dy ffrind a dweud pe bydde fe'n digwydd i ti a fyddet ti moyn iddo fe gysylltu â dy rieni di neu beidio. Wedyn gei di gyfle i ofyn beth fydde fe moyn i ti neud tase fe'n digwydd eto.'

'Dio'r ots rŵan, nacdi? Ti 'di gneud unwaith, ac mi fedri di neud eto os bydd raid. A does neb yn gwybod, felly iawn 'de? Cau hi.'

'Os na ddywedi di nawr, ac os yw hyn yn digwydd eto, bydd rhaid i ti weud. Fydd dim esgusodion tro nesa a ti hefyd yn debyg o gael mwy o drafferth am beidio dweud tro 'ma.'

'Mae dy fêt di siŵr o fod yn teimlo'n ddigon gwael fel mae e. S'dim eisiau i ti neud pethe'n wa'th iddo fe!'

'Ffor' dwi'n gweld pethau ydi hyn – os oedd o mor ddrwg fel bod angen iddo fo fynd i'r sbyty i gael triniaeth, mi oedd hyn yn broblem feddygol ac yn argyfwng. Doedd o ddim mewn cyflwr i wneud penderfyniadau drosto fo ei hun felly gest ti dy roi mewn sefyllfa anodd. Dylsach chdi fod wedi deud. Beth petai rhywbeth wedi mynd o'i le hefo'r driniaeth?'

Weles i gariad newydd fy ffrind i'n snogo rhyw ferch arall neithiwr. Welodd e fi 'fyd. Yn yr ysgol heddi wedodd e wrtha i bod e wedi cwpla 'da'r ferch arall, ag o'dd e'n addo na fydde fe'n digwydd 'to. Os weda i wrth fy ffrind i, fe fydd e'n amlwg iddo fe taw fi wedodd. Ond beth os yw e'n gweud y gwir? Beth os na ddigwyddith e 'to? Sa'i moyn i fy ffrind i gael loes.'

'Ti geith y bai os wnân nhw wahanu. Deud dim 'sa ora!'

''Swn i isio gwbod, yn bendant. Mae'n ddyletswydd arnat ti i ddeud wrthi, mae o wedi digwydd, 'swn 'im isio rhoi cyfla i'r basdad neud eto!'

'Mi eith hi'n ffrae enfawr rhyngtha chdi a dy ffrind. Ac mi fydd yn ama bo chdi'n trio'u sblitio nhw fyny a ballu. Gwadu neith o eniwe.'

'Hyd yn oed os na fydd hi'n dy gredu di dylet ti weud. Mae e lan iddi hi wedyn beth mae hi'n moyn neud. Fyddet ti ddim yn ffrind iddi oni bai bo ti'n gweud, a beth se hi'n ffindio mas rhywdro yn y dyfodol bo' ti di cadw hyn oddi wrthi?'

'Bygwth e 'nôl. Gwed wrtho fe os na wedith e wrthi, fe wnei di. Rho amser penodol iddo fe 'fyd. Os yw e rîli yn caru dy ffrind di wedyn bydd e'n gweud. A bydde'n well 'da fe egluro ei hunan, na mentro bod ti am neud rhyw exaggerations anferth ar ei ran e!'

Ddaru'n ffrind gora fi snogio'r hogan 'ma neithiwr. Y peth ydi ma' gynno fo gariad, ac nid hi oedd hi 'lly. Mae o 'di gofyn wrtha' i beidio deud wrth ei gariad o. Neith o ddim 'i brifo hi os 'di hi ddim callach, ac mae o 'di deud na neith o ddigwydd eto. Ond mae ei gariad o'n hogan glên. Ddyliwn i ddeud wrthi?

'Taset ti'n gweud wrth dy ffrind, dyle bod ti'n gweud wrth gariad i ffrind hefyd. Yr un peth yw e yn y bôn.'

'S'dim dyletswydd arnat ti i gariad dy ffrind di, ond mae dyletswydd arnat ti i dy ffrind.'

'Cadw allan ohoni faswn i.'

'Fe ddyle weud wrthi, nage ti. Ond os na neith e, bydden i ddim yn gweud dim. So fe'n ddim o dy fusnes di.'

'Bydde dy ffrind di byth yn dy drysto ti 'to taset ti'n gweud.'

''Swn i isio gwbod waeth pwy ddudodd. Ond bydd yn barod am ffrae efo dy ffrind. Ella dylet ti rybuddio fo cyn i chdi ddeud.'

Mae'n ffrind i'n diodda o B.O yn reit wael. Fedra i'm diodda bod yn ei ymyl o weithia. Ma' pobl yn chwerthin am ei ben o, yn gafael yn eu trwynau pan mae o'n pasio. Dwi'm yn dallt sut na fedr o wbod, ond be os nad ydi o? Ydi o'n ddyletswydd arna' i i ddeud rwbath wrtho?

'Be 'sach chdi'n ddeud?! 'Swn i'm yn gwbod be i ddeud, felly 'swn i ddim yn deud gair!'

'So'r bobl 'ma byth yn gwbod. Bydd yn rhaid i ti weud. Neu godde'r drewdod.'

'Os na wedi di, fe fydd un o'r bobl 'ma sy'n neud hwyl yn gweud rhywbeth. Fydd hwnna'n rîli brifo.'

'Mae'n anodd, ond bydd yn rhaid i ti ffindo ffordd o weud rywbeth. Os wedi di fod pobl eraill wedi gweud wrtho ti, ond nagot ti 'di sylwi tan hynny ond nawr bo nhw 'di gweud ... math o beth. Paid ypseto fe beth bynnag wnei di, neu fydd e'n drewi ac yn loner wedyn!'

Ma' ffrind i mi 'di deud ei bod hi'n diodda o afiechyd byta, anorecsia math o beth, er dwi'm yn gwbod os mai dyna ydi o. Mae hi wedi colli lot o bwysa, ond mae hi'n deud ei bod hi'n trio byta rŵan. Ddyliwn i ddeud wrth rywun?

'Cadwa lygad arni. Os yw hi'n dechre byta 'to a rhoi pwysau mla'n paid gweud dim. Os yw hi'n mynd yn waeth bydd rhaid ti weud.'

'Os ydi hi wedi deud wrthach chdi, mae'n amlwg ei bod hi'n gwbod fod ganddi broblem, ac wedyn ma' hi isio help dydi? Fedri di gynnig mynd efo hi at y meddyg, ella, ond paid deud wrth neb dy hun. Ei lle hi ydi gneud hynny.'

'Galle hi ladd ei hun os nagyw hi'n byta, a ti ffaelu bod 'da hi drwy'r amser. Bydd rhaid ti weud.'

'Mae hi 'di deud ei bod hi'n gwella, dydi? Gad iddi 'lly.'

'Problem feddygol 'to. Rhaid i ti weud.'

So hi fel ffrind gore na dim, ond mae'r ferch 'ma ar yr un bws â fi yn cael ei bwlio, gan gwpl o fois y chweched. Mae hi'n ferch dawel, swil a jyst yn gadael iddo fe ddigwydd, ond wy'n gweld ei bod hi'n edrych yn rîli nerfus trwy'r amser. Nes i gael sgwrs 'da hi un diwrnod, a dweud bo fi 'di sylwi, ond na'th hi jest dechrau crio a gofyn i mi beidio dweud wrth neb neu byddan

nhw'n ei lladd hi. Fi ddim wedi eto, ond mae'r bwlio'n dal i ddigwydd. Ddylwn i ddweud wrthyn nhw stopio, neu ddweud wrth rhywun arall?

'Ti geith hi nesa ganddyn nhw os fentri di ddeud rwbath.'

'Ofn sy arni, ddim yn medru deud ei hun. Mi fydd hi'n ddiolchgar os ddwedi di a llwyddo i gael nhw i stopio.'

'Mae hi 'di gofyn wrtha chdi beidio, felly paid.'

'So nhw'n mynd i stopo os na wedi di, a so hi'n debygol o weud ei hun yw hi? Gwed rwbeth.'

'Fydd dim ohonyn nhw'n gwbod taw ti wedodd, wedyn pam lai?'

''Swn i'n awgrymu bo' ti'n deud dim wrthyn nhw, yn enwedig os ydyn nhw'n hŷn na chdi.'

Ffeil-o-ffaith

- Mae pobl yn dueddol o barhau i gwrdd â'u ffrindiau gorau am oes.

- Y lle mwya tebygol i gwrdd â ffrind gorau yn ystod yr arddegau yw yn yr ysgol.

- Mae ffrindiau gorau yn gallu gorffen brawddegau ei gilydd. Tria fe!

- Mae 92% o bobl ifanc yn eu harddegau yn honni taw eu ffrind gorau sy'n eu hadnabod orau (gneud sens on'd yw e?!)

ysgol

Yr ysgol

Rhywle ni i gyd yn gorfod ei ddioddef, ac yn gorfod treulio dros hanner ein oriau effro ni yno bob blwyddyn! Oes unrhyw syndod, felly, bod problemau'n codi yn y lle?!

Dyma ychydig o ffeithiau diddorol i ti ynghylch yr ysgol, a'r system addysg yng Nghymru.

- Mae addysg yn orfodol i bawb rhwng 5 ac 16 oed yng Nghymru ond gellir addysgu plentyn mewn ysgol neu yn y cartref.

- Mae gan bob ysgol ofynion arbennig o'r disgyblion maent yn eu derbyn, gyda'r flaenoriaeth yn cael ei roi i ddisgyblion o ddalgylch yr ysgol.

- Mae'n rhaid i ysgol agor am 190 o ddyddiau bob blwyddyn a rhaid i ddisgyblion rhwng 11 ac 16 oed gwblhau o leia 24 awr o wersi yr wythnos.

- Rhaid i ddisgyblion rhwng 11 a 14 oed astudio'r pynciau canlynol: Cymraeg, Saesneg, Mathemateg, Gwyddoniaeth, Technoleg Gwybodaeth, Iaith Fodern, Dylunio a Thechnoleg, Hanes, Daearyddiaeth, Celf, Addysg Gorfforol, Addysg Bersonol a Chymdeithasol, Addysg Rhyw, Addysg Grefyddol a Gyrfaoedd.

- Rhaid i ddisgyblion rhwng 14 ac 16 oed astudio'r pynciau canlynol: Cymraeg, Saesneg, Mathemateg, Gwyddoniaeth, Addysg Gorfforol, Addysg Grefyddol, Addysg Bersonol a Chymdeithasol, Addysg Rhyw a Gyrfaoedd. Mae unrhyw bynciau eraill yn ddewis personol.

Dywediadau athrawon – 20 uchaf!

1. Gwastraffa di'n amser i nawr, ac fe wastraffa i dy amser di am hanner awr 'di tri.
2. Rho un rheswm i fi pam ddylen i dy gredu di?
3. Ar fy nesg i, peth cynta bore fory.
4. Pwy roddodd ganiatâd i ti fod mewn fan hyn*/ siarad* / iste*?
5. Whare teg i ti, ti'n bluen yng nghap yr ysgol**.
6. Ble ma' dy dei di?
7. Dere 'nôl pan fyddi di wedi dysgu beth yw cwrteisi.
8. Fyddet ti'n siglo ar gadair* / rhoi dy draed ar y ford* gartre?
9. Nage ennill sy'n bwysig, ond cymryd rhan.
10. Ti'n meddwl bo ti'n ddoniol*/glyfar* nag'yt ti? Wel gewn ni weld yn union pwy mor ddoniol*/glyfar* 'yt ti amser cinio – ar gosb.
11. A 'se Rhys Morgan* yn dodi ei law mewn coelcerth*/ yn neidio o glogwyn* – 'set ti'n gneud r'un peth, fyddet ti?
12. Cymraeg yw iaith yr ysgol hon.
13. S'dim tamed o synnwyr cyffredin* / parch* / gwyleidd-dra* yn perthyn i ti, o's e?
14. Wy 'di ca'l llond bola! Sai'n gwbod pam odw i'n trafferthu.
15. Nage mewn twlc ges di dy fagu.
16. Sai'n credu bo chi'n llawn sylweddoli pwysigrwydd yr arholiadau 'ma.
17. Mewn gwasanaeth 'yt ti, grwt, nage syrcas!
18. Arwydd i fi yw'r gloch 'na, nage chi.
19. Wel, wy wedi siomi ynot ti. A ti 'di siomi ti dy hunan.
20. Sai'n mynd i weud 'to ...

* I'w addasu yn ôl yr angen
** Clasur prin, a gwerthfawr dros ben.

Dehongli iaith athrawon

Does dim ots beth maen nhw'n ei ddweud mewn gwirionedd, gelli di fentro mai un o'r isod maen nhw'n ei feddwl ...

1. Rydw i'n casáu dysgu.
2. Rydw i'n casáu disgyblion.
3. Unig bwrpas fy modolaeth yw sicrhau fod bywyd pob un disgybl yn uffern ar y ddaear.
4. Oes unrhyw syndod fod yna brinder athrawon?
5. Fi sy'n iawn bob amser, gan fy mod yn fwy gwybodus o lawer na ti. Mae hyn yn ffaith. Does dim un eithriad. Dim byth.
6. Beth wnes i i haeddu hyn?
7. Pam na cha' i dy dagu di? Jyst unwaith ...
8. Llonydd. 'Na'r cwbwl wy moyn yw munud neu ddau o lonydd.
9. O am gael bod yn y Caribî ...
10. Sawl diwrnod / gwers / awr / munud / eiliad tan y gloch / amser cinio / amser mynd adre / hanner tymor?

Gwisg ysgol

Deg rheswm dros gael gwisg ysgol
1. Mae pawb yr un peth.
2. Mae'n smart.
3. Haws na gorfod dewis beth i'w wisgo bob bore.
4. Mae unrhyw un yn gallu nabod ar unwaith i ba ysgol wyt ti'n perthyn.
5. Rhoi teimlad o undod ac o berthyn i deulu'r ysgol.
6. Ddim yn gorfod poeni am edrych yn ffasiynol.
7. Arbed pobl rhag bod yn gystadleuol.
8. Dysgu i ti barchu rheolau.
9. Dim gwaith trefnu – gwybod beth sydd angen ei olchi / smwddio.
10. Modd bod yn greadigol, ychwanegu pethau bach i greu delwedd unigol.

Deg rheswm yn erbyn cael gwisg ysgol
1. Dyle pawb allu gwisgo beth maen nhw moyn.
2. Ti'n gorfod prynu fe mewn siopau arbennig ac mae'n ddrud. Nid pawb sy'n gallu fforddio fe.
3. Ti ddim yn cael cyfle i fynegi dy hunaniaeth.
4. Dyw e ddim bob amser yn ymarferol ar gyfer pob tywydd / pob gweithgaredd.
5. Dyw e ddim yn gweithio fel ffordd o neud i bawb edrych yr un fath – mae gwahanol shades o bob lliw, gwahanol hyd sgert, gwahanol steil trowsus ayb – felly does dim lot o bwrpas iddo fe.
6. Mae'n gwneud i ti gasáu lliw y wisg ysgol am weddill dy oes! Wnei di byth wisgo siwmper neu grys chwys neu flows y lliw yna eto.
7. Mae'n galed arnat ti os nad yw'r lliw yn dy siwtio di!
8. Mae pwysau ar dy fam neu pwy bynnag i olchi fe, sychu fe, smwddo fe a'i grasu e mewn da bryd.
9. Mae'n anodd os ti'n chwilio am unigolyn yng nghanol cannoedd o blant yn gwisgo yr un peth.
10. Mae'n ddiflas – gwisgo'r un peth drwy'r dydd, bob dydd am flynyddoedd. Ti bron iawn yn teimlo fel carcharor wrth i ti roi'r wisg yna 'mlaen!

Y wisg ysgol ddelfrydol!

Dyma rai awgrymiadau ar gyfer y wisg ysgol ddelfrydol ...
a gweithgaredd bach i ti ar gyfer y gwersi diflas yna – byddi angen siswrn, pensiliau lliw ac ychydig bach o ddychymyg!

Bechgyn	**Merched**
Jîns	Jîns
Trainers	Esgidiau gyda sodlau
Hoodie	Sgert fer
Crys T	Siaced denim
Crys Polo	Bŵts pen-glin
Fleece	Siaced denim
Cot law denau	Top bach smart
Bŵts trwm	Fest top
Combats	Cardigan fach
Crys T llewys hir / byr dros ben	Trowsus tyn
Trowsus isel	Siwmper denau
Cap	Gemwaith
Bag record	Bag digon mawr
Crys llewys byr	Cot hir smart
Defnydd cyfforddus	Defnydd cyfforddus
Lliwiau tywyll	Du + lliwiau
Crys rygbi / pêl-droed	Dewis accessories
Trowsus chwaraeon	Siwmper gynnes ar gyfer y gaeaf
Het aeaf	Haenau
Ffôn	Ffôn
i-pod	i-pod

Gwaith cartref

Mae tomen ohono fe 'da ti o hyd. Oes angen cyngor arnat ti ar sut i ymdopi gyda dy waith cartref?

'Dwi'n gorfod llunio amserlen gwaith cartre a chadw ati hi. Hebddi hi, does 'na'm trefn arna' i a dwi'n treulio gormod o amser yn gneud un peth, ac wedyn sgynna i ddim amser i 'neud peth arall.'

'Wy'n recordio pethe wy angen eu dysgu ar dâp. Pethe fel berfau Ffrangeg a dyddiadau hanes. Wy'n chwarae nhw drwy'r amser yn y cefndir tra bo fi'n gwneud pethe eraill, a phan wy'n mynd i edrych arnyn nhw wy'n gwbod nhw i gyd! Mae'n od achos so fe fel bo fi hyd yn oed yn talu lot o sylw i'r tâp pan mae e mlaen!'

'Dwi ddim yn gallu gweithio peth cynta yn y bora, tra bo rhai o'n mêts i'n codi'n fora i orffan traethawd neu rwbath. Mi fedra i aros fyny tan oria mân y bora'n gneud, a tydyn nhw ddim yn medru gneud hynny. Dwi'n meddwl bod gin bawb amsar o'r dydd lle maen nhw'n gweithio'n well. Mae o lot haws pan ti 'di ffeindio d'un di!'

'Wy'n wael am osgoi gwaith cartref. Naf i unrhywbeth i beidio'i neud e. Tacluso'n stafell wely i hyd yn oed! Wedyn nawr wy 'di dysgu gorfodi'n hun i neud e ac osgoi popeth arall. Wy hyd yn oed yn diffodd fy ffôn am gwpl o orie bob nos! Drastic wy'n gwbod!'

'Wy'n cadw dyddiadur gwaith cartref, ac yn gneud rhestr o bopeth s'da fi neud. Ma' tico nhw off pan wy'n cwpla yn grêt, a wy'n gallu gweld yn rhwydd wedi 'nny gyment wy 'di neud a beth sy 'da fi ar ôl!'

'Wy'n teithio lot ar drene a bysys, ac ma'r siwrne'n eitha hir. Wy'n gneud gwaith cartre bryd hynny. Na, sai'n neud pethe fel circuit boards electroneg na dim, ond mae darllen, neu dysgu stwff yn gweithio'n dda. Ma'r daith yn *mynd yn gloiach 'fyd.'*

'Os 'di hi'n bwrw glaw amsar cinio, neu ma' gen wers rydd, dwi'n gneud gwaith cartra. Yndi mae'n demtasiwn i chwara ffwtbol 'fo'r hogia eraill, a dwi'm yn cyflawni gymaint ag y baswn i adra, ond hyd yn oed os dwi ond yn llwyddo i sgwennu 'chydig baragraffa, mae'n llai o waith i mi adra wedyn dydi?'

10 esgus clasurol dros beidio â gwneud gwaith cartref

Dyma ddeg esgus clasurol dros beidio â gwneud gwaith cartref. Tria nhw! (Os nad wyt ti wedi eu trio nhw'n barod wrth gwrs!)

1. Mae'r ci wedi'i fwyta fe!
2. Rydw i wedi gadael fy mag ar y bws.
3. Mae'r cyfrifiadur wedi torri.
4. Rydw i'n dioddef gyda phroblemau merched.
5. Mae gen i broblemau teuluol ar hyn o bryd.
6. Ges i lond bol / o'dd dim awydd arna' i / Es i mas yn lle 'ny.
7. Mae aelod o'r teulu wedi marw.
8. Ges i fy nghipio gan ddynion bach gwyrdd o'r gofod.
9. Gredech chi fyth be ddigwyddodd! O'n i ar y ffordd adre neithiwr a ... (esgus hir, manwl a chymhleth)
10. Llythyr o eglurhad gan riant.

A'r esgus mwya effeithiol o'r rhain? ... Problemau Merched! Sori, bois!

Adolygu

Mae'r tywydd yn braf, yr haul yn tywynnu, mae'r gwyliau hir ar y gorwel, ond cyn hynny mae gennyt ti arholiadau. A thra bod yr heulwen, Wimbledon – unrhyw beth, a dweud y gwir – yn tynnu dy sylw di oddi wrth dy waith, ti hefyd yn gwybod bod yn rhaid i ti adolygu.

Felly – ti moyn syniadau am sut i wneud hynny'n effeithiol?

1. 'Ti fod i gymryd brêc bob hannar awr am na fedri di ganolbwyntio'n hirach na hynny. Pam bo nhw'n gosod arholiadau teirawr 'ta?!'

2. 'Ma'n rhaid i fi adolygu gyda ffrind. Wy'n dda i ddim byd ar ben yn hunan. Y'n ni wedi dysgu nawr fod yn rhaid canolbwyntio pan ydyn ni'n gweithio 'da'n gilydd. Ni'n amseru'n hunain – gweithio'n dawel am chwarter awr, yna trafod a holi cwestiyne 'bytu beth y'n ni wedi ei ddarllen am chwarter awr cyn bwrw iddi 'to.'

3. 'Darllena'r cyflwyniad i bob llyfr a nofel, fan'no ma'r holl stwff difrifol a dyna lle ffeindi di themâu y traethodau sy'n cael eu gosod yn yr arholiad.'

4. 'Dwi'n gneud cyn-bapurau, a phapurau prawf oddi ar y we. Mae'n tsiecio lle ti arni o ran gwaith a faint yn fwy sydd gen ti isio'i 'neud.'

5. 'Gwyliwch Neighbours ddwywaith bob dydd. Dyna nes i, ac mae gen i 9 TGAU!'

6. 'Wy'n mynd yn nerfus iawn 'bytu arholiadau, ma'n rhaid i fi neud amser i ymlacio, hyd yn oed jyst mynd am dro bach, neu wy'n mynd rhy stressed a sai'n gallu gneud dim wedyn.'

7. 'Cysgu. Chi ffaelu gweithio os chi 'di blino, a chi'n ffaelu cofio pethe gystal, wedyn ma'n rhaid i chi gael digon o gwsg!'

8. 'Cyfuno adolygu hefo gneud rhywbeth i gadw'n heini, mynd i redeg, neu hyd yn oed jyst cerdded i'r ysgol. Mae'r awyr iach a'r ymarfer yn gwneud ti deimlo'n well, ac yn rhoi cyfle i bopeth setlo.'

9. 'Dechre adolygu mewn da bryd – sdim rhaid i ti neud llawer wedyn. Mae chwarter awr cyn cysgu am chydig wythnosau yn lot gwell na aros lan drwy'r nos y noson gynt yn trio cofio gyment ag ti'n gallu.'

10. 'Mae bwyta'n iach yn helpu fi i deimlo'n well yn gyffredinol. S'dim byd gwaeth na trio adolygu neu ganolbwyntio os ti'n dost.'

Pob lwc ... wy'n disgwyl llond trol o A* gennyt ti nawr!

Problemau

Mae pawb yn dysgu ar gyflymder gwahanol. Rhai yn gyflym tu hwnt, ac eraill yn fwy araf. Mae rhai'n rhagori yn y gwyddorau ond yn cael trafferth gyda'r dyniaethau, ac felly i'r gwrthwyneb hefyd. Ond beth os oes gen ti anabledd neu anhawster dysgu? Cyflwr corfforol neu ymenyddol sy'n effeithio ar dy ymddygiad di, dy emosiynau a'th allu i ddysgu?

Mae nifer o gyflyrau yn cael eu cydnabod bellach a thriniaethau a chymorth ar gael.

Os wyt ti'n cael problemau o unrhyw fath gyda dy waith – yr unig gyngor call yw dy fod ti'n mynnu sgwrs gyda rhywun.

Dyma rai o'r anawsterau mwyaf cyffredin:

ADHD – Attention Deficit Disorder
Pwy? Effeithio tua 1.7% o'r boblogaeth, plant yn bennaf. Bechgyn yn fwy tebygol o ddioddef na merched.
Symptomau: Diffyg canolbwyntio, anhawster canolbwyntio ar dasgau am gyfnodau hir, gorfywiog, diffyg trefn, colli pethau.
Helpu: Trefnu amserlen glir a chytbwys, gwobrwyo, cosbi, trafod, a meddygaeth mewn achosion difrifol.

Dyslecsia
Pwy? Effeithio rhwng 5% a 10% o'r boblogaeth.
Symptomau: Trafferth gyda geiriau, cof tymor byr gwael, anawsterau darllen, cyfathrebu a sillafu.
Helpu: Amser digonol i wneud gwaith, meddalwedd adnabod llais, canmoliaeth, adnabod cryfderau.

Nam ar y lleferydd
Pwy? Effeithio hyd at 5% o bobl ifanc yn eu harddegau.

Symptomau: Iaith a lleferydd ddim yn datblygu yn ôl y disgwyl, o bosib o ganlyniad i broblemau gyda'r clyw neu gyda'r llygaid. Atal-dweud.
Helpu: Sesiynau unigol, deunydd a chyfarpar arbenigol yn benodol at broblemau clyw / gweld. Amser ychwanegol. Gwersi ychwanegol. Caniateir amser ychwanegol mewn arholiadau.

Dyspraxia
Pwy? Effeithio ar 1 ym mhob 20 plentyn. Bechgyn bedair gwaith yn fwy tebygol o ddioddef ohono na merched.
Symptomau: Anaeddfedrwydd yn y modd mae'r ymennydd yn prosesu gwybodaeth; effeithio'r corff a'r ymennydd.
Helpu: Cyfarwyddiadau clir, syml. Amserlen drefnus, eistedd lle gellir gweld yn glir, anogaeth a chanmoliaeth, amser ychwanegol i orffen gwaith.

Aspergers
Pwy? Effeithio rhwng 10 a 30 o bobl ym mhob 100,000. Bechgyn yn amlach na merched.
Symptomau: Trafferth gyda sgiliau cyfathrebu a chymdeithasu. Synfyfyrio. Obsesiynu, osgoi cyswllt llygaid, dychryn yn hawdd, cof hynod gywir, tueddiad i siglo.
Helpu: Cyfarwyddiadau clir, cynyddu hunanhyder, disgwyliadau uchel, rhestrau ac amserlen gryf, defnyddio cyfrifiaduron, system ffrind.

Bwlio

Mae'r bwli yn fygythiad ym mhob ysgol, yn bygwth disgyblion diniwed am ddim rheswm arall heblaw eu bod yn gallu. Mae gan y rhan fwyaf o ysgolion bolisïau bwlio i geisio atal y bwli yn y lle cyntaf, yn ogystal â'r camau i'w cymryd wrth ymdrin â bwli.

Y broblem fwya cyffredin gyda bwlio yw bod ar yr un sy'n dioddef gymaint o ofn y bwli fel nad ydynt yn dweud wrth neb; dyma'r union beth sy'n rhoi'r pŵer i'r bwli barhau.

Beth yw bwlio?

Fe all gymryd unrhyw ffurf – galw enwau, tynnu coes, bygwth, unrhyw fath o ymosodiadau corfforol, dinistrio neu ddwyn eiddo neu arian, anwybyddu, celwyddau yn cael eu dweud amdanat ti. Caiff ei ddiffinio fel patrwm ymddygiad annerbyniol cyson gan un person tuag at un arall.

Nid yn unig yn yr ysgol mae bwlio'n digwydd, mae'n digwydd yn y gweithle, yn y cartref, ac mewn sefyllfaoedd cymdeithasol o bob math.

Mae bwli yn aml yn berson gwan, ac am ddangos cryfder neu bŵer dros unigolyn arall er mwyn teimlo'n fwy hyderus ynddynt eu hunain.

Tybed a yw'r uchod yn gyfarwydd o gwbl? Wyt ti wedi dioddef, neu wyt ti wedi achosi i rywun arall ddioddef am nad oeddet ti wedi llawn ystyried effeithiau dy ymddygiad di?

'Y peth gwaetha yw bod pobl sy'n cael eu bwlio yn aml yn amddiffyn y bwli, yn gwneud esgusodion lan 'bytu damweiniau ac ati ... yn ofni beth neith y bwli tro nesa siŵr o fod, ond 'sen nhw'n gweud, bydde dim tro nesa ... '

'Y mwya ma' rhywun yn ymateb y mwya mae'r bwli'n gweld ei effaith. Os fedri anwybyddu neu ddangos nad oes ots gennyt ti, fydd gan y bwli ddim gymaint o ddiddordeb.'

'Tydi bwli byth yn pigo ar griwiau o bobl, dim ond un sydd, bob tro.'

'Ma'n rhaid i chdi ddeud wrth oedolyn os wyt ti'n cael dy fwlio. Mae ganddyn nhw statws dros y bwli bob tro. Ac mi fydd pobl yn edrych allan amdanat ti hefyd.'

'Ma lot o bobl yn meddwl bo pobl sy'n cael eu bwlio yn bobl bach eiddil a gwan, ond so fe'n wir. Withe jyst pobl yn mindo'u busnes y'n nhw.'

Cofia:

Os wyt ti'n cael dy fwlio:

- Ceisia ennyn hunanhyder, tria weithgaredd sy'n gwneud i ti deimlo'n fwy hyderus.

- Mae anwybyddu bwli yn aml yn eu stopio; maent yn hoffi gweld eu bod yn cael effaith.

- Mae wynebu bwli, neu herio bwli, yn aml yn gwneud iddynt stopio.

- Paid â diodde ar ben dy hunan.

- Dwed wrth rywun arall am y bwlio.

Wedi bod yna! Rhannu profiadau

Cosb / noson rieni / adroddiad a holl brofiadau melys eraill bywyd ysgol!

Dwi 'di bod ar gosb bob amser cinio ac amser egwyl ers dwn i'm pryd, wsnosa ma'n rhaid os nad ydi o'n fis! Dwi'm 'di gneud rhyw lawar o ddim byd o'i le go iawn, dwi'n sicr ddim yn haeddu gymaint o gosb, ond mi fues i braidd yn hy efo amball i athro, ateb yn ôl a ballu. 'Dach chi'n gwbod sut mae hi ... un athro yn ochri efo'r llall, ac yn sydyn reit ma' bob un ohonyn nhw 'fo'u cyllall ynot ti. Heddiw 'ma, ddaru'r Brifathrawes, o'dd yn ein harolygu ni amser cinio, ofyn i mi be' ddudodd fy rhieni am fy ymddygiad 'gwarthus' i. Dim byd medde fi. Doedd hi'm yn fy nghoelio i, ond ddudon nhw ddim byd am 'mod i ddim 'di deud wrthyn nhw. Ma' hi rŵan 'di deud ei bod hi am ffonio adra a gneud yn siwr eu bod nhw'n gwbod achos mae hi isio iddyn nhw ddod i'r ysgol i drafod y peth yn iawn. Oes 'na rwbath fedra i neud, neu ydi hi 'di canu arna' i?

'Mae hi 'di canu arnat ti!'

'Duda di wrthyn nhw, cyn i'r ysgol ffonio, o leia fedri di leihau rhywfaint ar y sioc iddyn nhw wedyn, ac mi wnan nhw ymateb yn well pan mae'r brifathrawes yn ffonio.'

'Cer atyn nhw yn llefen y glaw yn gweud bod yr athrawon i gyd yn pigo arnot ti. Os fyddi di'n ddigon realistig, erbyn i'r ysgol ffonio bydd dy rieni di'n bygwth mynd â nhw i'r European Court of Human Rights, a fyddi di byth ar gosb 'to!'

'Ti 'di ystyried ymddiheuro, cyfadda dy fod ti ar fai a chymryd cyfrifoldeb dros dy ymddygiad? Naddo, siŵr! Ond dyna maen nhw isio yndê? Mi wellith petha wedyn.'

Ma' noson rieni 'da ni wythnos nesa. Wy'n olreit fel arfer achos nagyw'n rhieni i byth yn mynd. Ond 'leni ma' nhw 'di cael llythyr 'da'r ysgol yn gweud y bydden nhw'n 'gwerthfawrogi'n fawr' tasen nhw'n gallu bod 'na, achos bod 'materion difrifol' 'bytu fi 'da nhw i'w drafod! Wy'n gallu bod yn eitha da o ran gwaith a stwff fel'na, ac os ydw i'n boddran wy'n cael y marcie. Ond sai yn boddran, yn sicr sa i wedi 'leni. Wy hefyd 'di ca'l yn nala'n smygu ddwywaith, yn bynco deirgwaith, yn graffitio'r ystafelloedd newid, ac yn trio dwyn yr arian mas o'r can machine. So'n rhieni i yn amlwg yn gwbod dim o hyn, dim eto o leia – ond o achos y llythyr yma, ma nhw'n bwriadu mynd i'r noson 'ma. Ma nhw am i mi fynd 'da nhw, ond wy 'di gweud wrthyn nhw nagwy'n meddwl bod e'n syniad da, nagyw'r athrawon yn lico fe. Ma isie cynllun arna' i fel nagy'n nhw'n mynd. Unrhyw syniade?

'Torra dy goes a benna lan yn 'sbyty ar y diwrnod 'na. Os y'n nhw yn 'sbyty'da ti, sdim gobaith y gallen nhw fod yn yr ysgol 'da'r athrawon. Poenus, odi, ond dim gwaeth na beth neith dy rieni di!?'

'Paid byth mynd i noson rieni gyda dy rieni di, hyd yn oed os ti'n angel yn yr ysgol. Ti jyst yn rhoi dy hunan yn ddigon agos i gael clatshien!'

'Gen i syniad i chdi, dos di adra'n syth bin ar ôl ysgol a phacia dy fag. Hegla hi o'na. Os ei di'n syth ella byddi di'n ddiogel yn Sbaen erbyn iddyn nhw ddod yn eu holau.'

'Pam so'r NSPCC yn 'neud dim byd 'bytu Noson Rieni Athrawon? Cruelty to Children os fuodd 'na erioed!'

'Ysgrifenna lythyr o gyfaddefiad yn gweud popeth – a wy'n golygu popeth – wrthyn nhw. Cer i aros 'da dy fam-gu neu ffrind neu rhywun un noson, a gad e 'na iddyn nhw gael ei ddarllen cyn i ti ddod 'nôl. Tro dy ffôn di bant. Gewn nhw gyfle i'w ddarllen e, ystyried pethe, a cŵlo lawr tipyn bach cyn i ti ddod gatre ac wedyn fyddi di'n gorfod cael 'y chat' 'da nhw. Bydde'n well iddyn nhw gael clywed 'da ti na'r ysgol, a fel hyn fydd gobaith ewn nhw 'na i drio dy gefnogi di a sortio pethe, yn hytrach na chael haint a dod o 'na moyn dy sbaddu di!'

Ma' f'adroddiad i gin i y mag ers dros wsnos, a mae o'n un gwael 'de! Dwi rioed 'di gweld ffasiwn beth yn fy myw, a dwi rioed, rioed 'di cael adroddiad gwael gan 'rysgol. Ddim tan hyn! Dwi'm 'di gneud llawar o waith leni, naddo, ond 'di ddim mor ddu â be sganddyn nhw ar hwn 'de. Mi fydda i'n fethiant llwyr, ac yn ddibynnol ar gymdeithas i 'nghadw i yn ôl hwn! Os dangosa i o i Mam a Dad, wel 'dwn i'm be ddigwyddith ond fydd o ddim yn ymateb mamol a thadol iawn debyg. Y peth ydi, ma'r ysgol isio fo nôl rŵan, 'di arwyddo, hefo sylwada. Mae hyn yn argyfwng, cofiwch, felly ydi o'n iawn i mi arwyddo fo fatha nhw, a mynd â fo'n ôl?

'S'dim byd o gwbl o'i le ar 'nny. Gwd thincin, batman!'

'Os medri di fod yn berffaith siŵr na ddown nhw i wbod, dwi'm yn gweld pam na ddyliat ti.'

'Odyn nhw wir yn disgwyl sylwadau eniwe? S'neb byth 'di rhoi rhai ar fy un i.'

'Y peryg sy 'da ti yw os yw e mor wahanol i bob adroddiad arall ti 'di gael fydd yr ysgol moyn 'i drafod e 'da nhw, prun ai sen nhw moyn gneud neu beido. Yr ysgol neith gysylltu 'da nhw ife?'

'Meddwa nhw'n gachu, dangosa fo iddyn nhw, gad iddyn nhw ei arwyddo fo, ac erbyn bora mi fyddan nhw 'di anghofio'r cwbl lot amdano fo. Ond fedran nhw byth ag edliw hynny wrthat ti gan dy fod ti wedi ei ddangos iddyn nhw a nhw 'di'i arwyddo fo ... go iawn!'

Cwis!

Bwli / Cês cŵl /Slebog / Swot – Pa fath o ddisgybl ydw i?!

1. Mae'n ddiwrnod cyntaf y flwyddyn ysgol, ac mae disgybl newydd o flwyddyn saith yn gofyn i ti am gyfeiriadau i'r gampfa. Wyt ti ...

a) yn tywys y disgybl newydd yr holl ffordd i ddrws y gampfa dy hun, gan ei rybuddio o holl beryglon ei ysgol newydd ar y ffordd?

b) yn fwriadol yn anfon y disgybl i'r cyfeiriad anghywir ac yn gwenu drwy gydol y wers ddilynol o ganlyniad?

c) yn cymryd piti ar y bychan, yn rhoi dy fraich am ei ysgwydd ac yn pwyntio i'r cyfeiriad cywir gan wenu a chwifio wrth iddo fynd ar ei ffordd?

ch) yn cyflwyno dy hun a sgwrsio'n gyfeillgar cyn ei gyfeirio'n ofalus i'r gampfa bell?

2. Mae ffeit go filain ar iard yr ysgol. Wyt ti ...

a) yn ei chanol hi?

b) yn rhedeg nerth esgyrn dy draed i mofyn athro neu athrawes?

c) yn talu sylw manwl i bob ergyd a dyrnaid?

ch) yn mentro i'r canol i'w hatal dy hun?

3. Mae'n ddiwrnod Plant Mewn Angen, a gofynnir i ddisgyblion gyfrannu'n ariannol er mwyn cael gwisgo eu dillad eu hun. Wyt ti ...

a) yn dewis dy ddillad yn ofalus, gan sicrhau eu bod wedi eu golchi a'u smwddio'n drwyadl mewn da bryd?

b) yn gwisgo dy hoff hen ddilledyn, rhywbeth mae pawb wedi'i weld o'r blaen?

c) yn gwisgo fel y mynni gan wrthod talu?

ch) yn treulio'r penwythnos blaenorol yn crwydro'r siopau, gan wario ffortiwn ar ddillad newydd?

4. Mae'n amser cinio, ac rwyt ti wedi dod i'r ysgol heb dy waled. Rwyt ti bron â llwgu. Wyt ti ...
a) yn arbennig o garedig wrth dy hoff fenyw cinio, gan obeithio y gadewith hi i ti dalu fory?
b) yn benthyg gan ffrind, gan ad-dalu'r arian peth cynta?
c) yn gorfodi rhyw ddisgybl dieithr i dalu drosot ti?
ch) yn dwyn perswâd ar gyd-ddisgybl hoffus i dy dreto di i ginio?

5. Mewn gwasanaeth i'r ysgol gyfan un bore mae disgybl hynod swil yn baglu dros garrai ei sgidie, ac yn cwympo i'r llawr fel sach o dato. Wyt ti ...
a) yn chwerthin am ei ben e ac yn dechrau cymeradwyo?
b) yn rhannu edrychiad a gwên dawel gyda chriw o ffrindiau?
c) yn mynnu gair ag e wedyn i wneud yn siŵr ei fod yn iawn?
ch) yn ei amddiffyn yn ffyrnig, gan edrych yn gas ar y sawl sy'n chwerthin?

6. Rwyt ti'n derbyn cerdyn Sant Ffolant gan edmygydd cyfrinachol. Wyt ti ...
a) wedi dy blesio, er na fyddet ti byth yn cyfaddef hynny?
b) yn brolio'n gellweirus am dy fod ti mor boblogaidd?
c) wedi hen arfer â derbyn cardiau, ac yn ei ychwanegu at y pentwr?
ch) yn hynod chwilfrydig, ond yn cadw'r gyfrinach?

7. Wrth ddewis tîm mewn gwers chwaraeon. Ai ti ...
a) yw'r cynta i gael dy ddewis bob tro?
b) yw'r un sy'n gyfrifol am ddewis y lleill?
c) yw'r ola un i gael dy ddewis?
ch) sy'n cael dy ddewis yng nghanol y broses?

8. **Mae dy adroddiad blynyddol wedi cyrraedd adref. Ydy dy rieni ...**
a) wrth eu bodd?
b) yn siomedig nad wyt ti'n cyflawni dy botensial?
c) yn gweld bod lle i wella ond yn falch o'th ymdrech?
ch) ar eu ffordd i'r ysgol i gyfarfod gyda'r prifathro?

Sgôr

1. a) 4   b) 1   c) 3   ch) 2
2. a) 1   b) 4   c) 3   ch) 2
3. a) 4   b) 2   c) 1   ch) 3
4. a) 2   b) 4   c) 1   ch) 3
5. a) 1   b) 3   c) 2   ch) 4
6. a) 4   b) 1   c) 3   ch) 2
7. a) 2   b) 4   c) 1   ch) 3
8. a) 4   b) 3   c) 2   ch) 1

1-10 = BWLI

Rwyt ti'n ddisgybl creulon, sydd wrth dy fodd yn bygwth a chodi ofn. Rwyt ti'n hunanol, a does gen ti ddim ystyriaeth o deimladau pobl eraill. Rwyt ti'n debygol o fod yn unben ar griw o 'ffrindiau', cymeriadau gwannach na ti na fyddai'n meiddio dy herio. Rwyt ti'n crefu pŵer. Rwyt ti'n gorfforol gryf ac rwyt ti'n defnyddio dy nerth fel ffordd o ennill rheolaeth dros eraill. Rwyt ti'n ddiog yn yr ysgol, ac mae dy waith yn dioddef. Rwyt ti'n aml mewn trafferth gyda dy athrawon. Ymgais i ennyn parch yw dy ymddygiad herfeiddiol. Mewn gwirionedd rwyt ti'n hynod ansicr, ond yn cuddio hyn mewn ymffrost. Cofia taw pobl gonest yw'r bobl gryfa, rhai all ddangos ansicrwydd, a chyfaddef bai. Cofia hefyd bod canlyniad i bob gweithred.

11-19 = CÊS CŴL

Rwyt ti'n ddisgybl ystyriol a hoffus. Rhywun sy'n llwyddo i fod yn ffrind i bawb. Dwyt ti ddim yn hoffi bod yn ganolbwynt sylw, ond rwyt ti'n gymeriad cryf sy'n gallu dal dy dir pan fo angen. Mae pobl yn dy barchu. Rwyt ti'n ganolig o ran maint, ac yn gymharol olygus, ond dy wên a'th bersonoliaeth sy'n denu pobl atat ti. Mae'n gallu bod yn anodd i ti ddod o hyd i gariad. Mae pawb yn dwlu arnot ti fel ffrind, ond anaml iawn maent yn dy ystyried di fel cariad. Bydd yn amyneddgar, ac fe ddaw rhywun i sylweddoli mor arbennig wyt ti. Rwyt ti'n ffyddlon tu hwnt. Dydy pethau materol ddim yn bwysig i ti. Rwyt ti'n gwneud pob ymdrech i sicrhau hapusrwydd eraill. Fe wnei di amddiffyn y gwan a herio'r cryf. Mae dy waith ysgol yn gymedrol, ond mae dy agwedd a'th ymdrech yn wych. Rwyt ti'n berson hyfryd, ac fe ei di'n bell.

20-25 = SLEBOG

Rwyt ti'n ddisgybl sydd â'th fys ym mhob potes. Rwyt ti wrth dy fodd gyda chlecs, a sïon. Ti yw'r cyntaf i glywed bob stori, a'r cyntaf i'w lledaenu. Heb i ti gymryd gofal fe elli droi'n faleisus. Mae'r ffordd rwyt ti'n edrych yn hynod bwysig i ti, ac er dy fod ti'n naturiol ddeniadol rwyt ti'n treulio amser maith ac yn gwario arian mawr ar dy ymddangosiad. Mae ffasiwn yn hynod bwysig i ti, ac rwyt ti wrth dy fodd pan wyt ti ar y blaen o ran hynny. Rwyt ti'n gallu troi pobl o amgylch dy fys bach, ac yn defnyddio dy rywioldeb i ddenu sylw, ac i gael yr hyn yr wyt ti ei eisiau. Mae yna elfen gyfrwys i dy gymeriad di. Mae pobl yn aml iawn yn gwneud pethau drostot ti, gan gynnwys ymladd dy frwydrau. Rwyt ti'n alluog ond yn ddiog, gan dy fod yn rhy brysur o lawer yn llygadu y sawl rwyt ti'n ei ffansïo. Pe bait yn sianelu dy egni i mewn i dy waith, fe allet ti fynd yn bell. Rwyt ti'n gymeriad hoffus yn y bôn, ond rhaid i ti gymryd gofal rhag i bobl fethu â gweld yn bellach na dy 'glawr' deniadol.

26-32 = SWOT

Rwyt ti'n gymeriad diwyd a gweithgar. Rwyt ti'n hynod alluog, ac yn debygol o fod yn llwyddiannus iawn yn academaidd. Mae gen ti gredoau cryf iawn, a does dim ofn lleisio dy farn arnat ti. Fe wnei di amddiffyn eraill, yn enwedig os wyt ti'n teimlo eu bod wedi cael cam. Rwyt ti'n ddeniadol, er nad wyt ti'n barod iawn i adael i eraill weld hynny. Rwyt ti'n poeni nad wyt ti'n ddigon cŵl. Er dy fod yn hyderus yn dy waith, mae'n debygol dy fod yn ansicr yn dy fywyd personol. Dy hoff beth yw cynnal sgwrs ddwys a heriol. Mae pobl yn dy barchu, er bod ar rai ychydig o dy ofn di, gan nad ydyn nhw'n dy nabod. Rwyt ti'n gymharol swil, ac yn dueddol o guddio y tu ôl i'th ymennydd. Fe all hyn dy rwystro rhag cwrdd â phobl newydd. Mae gen ti ffrindiau, ac rwyt ti'n ffyddlon iddyn nhw, ond does arnat ti ddim ofn treulio amser yn dy gwmni dy hun. Mae cael llonydd i feddwl ac ystyried yn hynod bwysig i ti. Gwylia rhag i ti ddieithrio dy hun, a rhwystro eraill rhag dod i dy nabod, a'th garu.

Ffeil-o-ffaith

- Mae gan ddisgybl yr hawl i ddewis ysgol.

- Mae Record Addysg, sy'n cynnwys gwybodaeth am ganlyniadau, adroddiadau, presenoldeb ac absenoldeb, yn cael ei gadw ar bob disgybl ac mae gan bob disgybl yr hawl i weld ei Record Addysg.

- Yng Nghymru, ar gyfartaledd, mae pob disgybl yn colli dau ddiwrnod a hanner o'r ysgol heb ganiatâd bob blwyddyn.

- Mae tua 500 o ddisgyblion yn cael eu diarddel o'r ysgol yng Nghymru bob blwyddyn.

- Mae bechgyn 5 gwaith yn fwy tebygol o gael eu diarddel na merched.

iechyd a delwedd

Iechyd personol

O'r amgylchfyd i'r hyn rydyn ni'n ei fwyta a sut rydyn ni'n treulio ein amser hamdden, mae popeth yn gallu cael effaith ar ein hiechyd. Digon i godi ofn arnat ti, on'd yw e? Rhaid cofio bod iechyd yn golygu mwy na jyst iechyd y corff – mae iechyd meddwl yn hollbwysig hefyd, ac os nad yw hwnnw mewn trefn, gall achosi anhrefn corfforol. Mae popeth yn dibynnu ar ei gilydd, ti'n gweld!

Cwis

1. Sut wyt ti'n teimlo pan wyt ti'n deffro yn y bore?
a) Mewn penbleth ond fydda i'n iawn mewn rhyw awr
b) Llawn egni, yn barod ar gyfer y diwrnod o mlaen
c) Blinedig, rydw i wastad yn flinedig
ch) Beth yw bore?!

2. Sawl awr o gwsg sydd ei angen arnat ti?
a) Tua 8
b) Tua 5
c) Braidd dim
ch) O leia 20!

3. Faint o ymarfer corff wyt ti'n ei wneud mewn wythnos?
a) O leia tair sesiwn hanner awr yr un
b) Rydw i'n ymarfer corff bob dydd
c) Pan wy'n cofio
ch) Byth – mae'n brifo

4. Faint o ffrwythau / llysiau wyt ti'n bwyta bob dydd?
a) Pump
b) Sai'n byta dim byd arall

c) Un neu ddau
ch) Dim

5. Faint o ddŵr wyt ti'n yfed bob dydd?
a) 2.5 litr
b) Sai'n yfed dim byd arall
c) O leia potel fach bob dydd
ch) Dim

6. Pa mor aml wyt ti'n bwyta brecwast?
a) Bob diwrnod ysgol
b) Bob dydd
c) Pan dwi ddim yn hwyr
ch) Byth

7. Bore 'ma roedd dy adlewyrchiad yn y drych yn ...
a) well na'r disgwyl
b) whiti-whiw
c) gwneud y tro
ch) *oh my god!*

8. Rwyt ti'n bwyta dy hoff fyrbwyd (e.e siocled, creision, bisgedi ...)
a) pan wy moyn
b) byth, byth, byth!
c) sawl gwaith yr wythnos
ch) bob dydd

9. Os oes annwyd gan rywun yn yr ysgol, wyt ti ...
a) yn gallu osgoi ei ddal
b) byth yn ei ddal
c) y nesa i'w ddal
ch) yr un oedd â'r annwyd yn y lle cyntaf

10. Yn gyffredinol mae dy agwedd
a) yn weddol bositif
b) yn gwbl bositif
c) yn gyfnewidol
ch) yn drewi!

Atebion

Os atebaist ti ar y cyfan gyda:

a

Llongyfarchiadau! Ar y cyfan rwyt ti'n berson iachus iawn. Mae gennyt ti syniad da o beth yw bod yn iach, a byw yn iach. Rwyt ti'n realisitig, ac er dy fod yn gwneud pob ymdrech i ddilyn y rheolau, dyw dy iechyd a'th ddelwedd ddim yn obsesiwn. Rwyt ti'n deall y ffin rhwng gwneud a gor-wneud, ac rwyt ti'n gwybod beth sydd yn rhaid i ti ei wneud i deimlo ac edrych dy orau.
Dal ati!

b

Gofalus! Rwyt ti'n hynod, hynod iachus. Dwyt ti ddim yn gadael i ti dy hun fod yn unrhyw beth arall. Mae'n swnio fel petai dy iechyd a'th ddelwedd yn obsesiwn gennyt ti, ac er dy fod yn edrych ac yn teimlo'n grêt, mae yna berygl gydag agwedd mor eithafol na fyddi di'n gallu cadw ati, neu hyd yn oed y byddi di'n niweidio dy hun. Tria ymlacio ychydig, defnyddia'r wybodaeth sydd gennyt ti i barhau i fyw yn iach, ond paid â theimlo'n euog na chosbi dy hun os gei di un creisionyn bach nawr ac yn y man.

c

Rwyt ti'n ddiog ynghylch dy iechyd. Er dy fod weithiau yn gwneud ymdrech i fwyta'n iach ac ymarfer corff, ar y cyfan fe wnei di beth bynnag sy hawsaf, neu'r hyn mae dy ffrindiau yn ei wneud. Rwyt ti'n gwybod sut i fod yn iachus, ond yn anghyson, ac o ganlyniad dwyt ti ddim wastad yn teimlo ac yn edrych dy orau. Gydag ychydig bach mwy o ymdrech fe elli deimlo'n ffantastig yn hytrach na gwneud y tro!

ch

O diar! Does gen ti ddim diddordeb mewn cadw'n iach. Wyt ti'n casáu ymarfer corff ac yn dwlu ar fwydydd melys, neu fwydydd llawn braster – neu'r ddau?! Rwyt ti'n blino'n hawdd, ac yn dueddol o ddal pob annwyd a salwch sydd ar hyd y lle. Tria fwyta ambell i lysieuyn ac ambell ddarn o ffrwyth. Dylet ti wneud ymdrech i wella dy agwedd, dy iechyd a'th ymddangosiad cyn y bydd hi'n rhy hwyr. Camau bach ... !

Cadw'n heini

Gyda chymaint o sôn am gadw'n heini, a pha mor bwysig yw e i'n hiechyd ni, ynghyd â'r bytheirio parhaol nad yw plant a phobl ifanc yn gwneud digon ohono fe, bues i'n holi am ddulliau o gadw'n heini a beth oedd yr ysgogiad.

Rhedeg. 100m sprint. Weithiau 200m hefyd. Traino 4 gwaith yr wythnos. Wy'n anelu at gael fy newis i dîm Cymru a Phrydain.

Dawnsio – ballet, tap a modern. 3 gwers dawnsio yr wythnos. Wy'n dda. A wy moyn bod yn well!

Pêl droed – chwarae a gwylio. Bob amser egwyl, ar ôl ysgol a bob penwythnos. Hwyl. Ffordd o gwrdd a gweld ffrindiau.

Cerdded i'r ysgol bob dydd, ac ym mhob tywydd yn anffodus! Dim car gan Mam, ac yn rhy anhrefnus i amseru dal y bws!

Ymarfer pêl-rwyd ddwywaith yr wythnos, falle gêm hefyd. Rhoi fi mewn hwyliau da. Dwi'n cael gweld fy ffrindiau i yna a dwi'n hoffi'r ffordd fi'n edrych achos bo fi'n ffit.

Sglefrio, sglefr-fyrddio pan fedra'i. Penwythnosau gan amlaf. Sialens. Dysgu triciau newydd. Mae o'n cŵl. Dwi hefyd yn licio'r dillad a'r gerddoriaeth a bob dim sy'n mynd efo fo.

Mynd i'r gym i godi pwysau. Dwi'n mynd ddwy waith yr wythnos. Gin i gorff da, a dwi isio'i gadw fo. Mae genod yn sylwi arna'i – licio fi, dwi'n secsi! Mae dillad yn edrach yn well ar hogia efo cyhyra.

Nofio. Falle cwpwl o weithiau y mis. Wy'n gwneud achos bo fi'n meddwl y dylen i.

Reidio beic. Beicio i'r coleg bob dydd. S'dim car 'da fi!

Syrffio a canwio tua unwaith y mis a dwi'n gneud yoga a sit-ups adra hefyd. Licio'r môr a'r awyr agored. Mae'n rhoi mwy o egni i mi, a dwi'n cysgu'n well ar ôl gwneud. Yoga a sit-ups yn helpu fi efo poenau misglwyf, fath'a siocled a cysgu!

Marchogaeth (ceffylau!). Mae'n ffordd briliant o glirio'r pen. Yr awyr iach yn grêt i'r croen ac i'r sgyfaint!

10 rheswm dros gadw'n heini

Y stwff swyddogol! Hynny yw, beth mae'r arbenigwyr yn ei ddweud yw manteision cadw'n heini:

1. Rhoi mwy o egni
2. Helpu ti i gysgu'n well
3. Codi hwyliau
4. Gwneud i ti deimlo'n fwy positif
5. Cryfhau a siapio'r corff
6. Gweithgaredd cymdeithasol
7. Gwella poenau misglwyf
8. Gwella'r croen
9. Gwneud i'r gwallt sgleinio
10. Lleihau straen a gwaredu tensiwn

Yn bersonol, rydw i'n hoffi gweld pobl siapus yn edrych yn secsi mewn dillad tyn – ond so hwnna'n rheswm swyddogol!

Angen hwb?

'Ffeindia rywbeth ti'n joio neud gyda ffrindiau – dyw e ddim yn teimlo fel ymarfer corff wedyn, hwyl yw e.'

'Gwna rywbeth yn gyson – fel y daw'n batrwm, yn rhan o fywyd.'

'Gosoda dargedau pendant i dy hunan – mae'n hawdd gweld faint wyt ti'n gwella wedyn.'

'Cer mas i rwle i ymarfer – mae gweld pobl eraill yn gwneud yr un peth yn hwb i ti.'

'Os ti'n dilyn DVD gartre, gwna'n siŵr na all dy frawd bach ddod i'r stafell a thynnu dy lun di tra ti wrthi!'

'Paid byth â gwisgo dilledyn lycra mewn lle cyhoeddus!'

Cyngor call
- Cyn gwneud ymarfer corff o unrhyw fath, twyma'r corff i osgoi anafiadau
- Defnyddia gyfarpar diogel ac addas
- Gwisga ddillad addas
- Mae angen cofio ymestyn y cyhyrau cyn ac ar ôl sesiwn ymarfer
- Os nad wyt ti wedi arfer ymarfer corff, paid â'i gor-wneud hi ar y dechrau
- Dylet ti osgoi ymarfer corff am awr ar ôl bwyta
- Os wyt ti wedi dioddef salwch neu anaf, gwna'n siŵr dy fod yn holliach cyn ailddechrau ymarfer corff
- Os wyt ti'n ansicr neu os oes gen ti unrhyw gwestiynau, gofynna am gyngor gan arbenigwr

Cysgu, gorffwys ac ymlacio

Ffiw! Ar ôl yr holl gadw'n heini yna, amser gorffwys nawr wy'n credu! Dyw gorffwys, ymlacio a chysgu ddim o reidrwydd yr un peth, ac mae diogi yn rhywbeth gwahanol eto! Trueni 'fyd!

Ffeithiau diddorol (esgusodion defnyddiol falle?!)
- Mae angen mwy o gwsg ar bobl ifanc yn eu harddegau nag oedolion. Ffaith ddefnyddiol iawn os yw dy rieni di'n cwyno nad wyt ti'n gwneud dim byd ond cysgu! A pham? Oherwydd fod y corff a'r meddwl yn datblygu gymaint yn ystod y blynyddoedd yma. Mae angen mwy o orffwys arno gan mai dyna pryd mae'n atgyweirio a pharatoi at y rownd nesaf!
- Mae cwsg yn effeithio ar ffwythiant y corff a'r meddwl.

- Mae cwsg yn effeithio ar y gallu i ganolbwyntio, egni, iechyd, ymddangosiad, hwyliau, emosiynau, y gallu i resymegu, diogelwch ... popeth mewn gwirionedd.
- Mae peidio gallu cysgu yn arwydd o straen yn aml. Yn eironig, gallai noson dda o gwsg leihau cryn dipyn ar y straen.
- Mae pobl sydd wedi dioddef cyfnod emosiynol hegr – galar er enghraifft – yn aml yn teimlo wedi blino'n lân. Er nad yw'r corff ei hun o reidrwydd wedi gor-weithio, mae'r straen emosiynol yn effeithio ar y meddwl a'r corff yn ei dro. O ganlyniad mae angen mwy o amser i orffwys, ymlacio a chysgu – hynny yw, amser i adnewyddu ac atgyweirio.
- Mae gor-gysgu yn aml yn arwydd gan y corff bod rhywbeth yn bod. Mae diffyg bwyd, salwch neu iselder yn rhesymau cyffredin dros or-gysgu.

Mae sawl un yn ymlacio trwy wneud rhywbeth sy'n gorfforol galed, rhedeg er enghraifft. Ffordd o ymlacio'r ymennydd neu'r meddwl yw hyn. Cofia bod angen gorffwys corfforol a meddyliol. Mae cysgu'n gyfuniad da o'r ddau, ond mae'n bwysig ymlacio tra'n effro hefyd.

Gall dull un person o ymlacio fod yn straen i un arall. Y gyfrinach yw dod o hyd i'r ffordd delfrydol i ti. Boed hynny'n arlunio, gwrando ar gerddoriaeth, ymarfer corff, bath hir, coginio, chwarae offeryn, darllen ... mae miloedd o opsiynau!

Bwyd a bwyta

Mae'n bwysig cael perthynas iach gyda bwyd. Mae bwyd, a'r mathau ohono rydyn ni'n ei fwyta, yn effeithio ar ein iechyd; mae e hefyd yn effeithio ar ein hwyliau, egni, tyfiant, cryfder, ymddangosiad y croen, gwallt ac ewinedd, heb anghofio am iechyd y rhannau hynny o'r corff nad ydyn ni'n gallu eu gweld – yr organau mewnol holl bwysig yna.

'Mae bwyta'n iach yn boring. Gorfod byta'r un pethau drwy'r amser. Meddylia bytu fe. Mae cannoedd o burgers a pizzas gwahanol ar gael!'

'Ma' Mam ar ddeiet drwy'r amser felly ma' pawb yn bwyta'n iach. Mae'n flasus 'fyd.'

'Dwi'n ceisio gneud ymdrech i gael o leia un math o fwyd gwyrdd efo pob pryd bwyd. Mae'n habit erbyn hyn, haws felly dydy?'

Colli / ennill pwysau
Os wyt ti am golli pwysau dim ond un ffordd sy'n ddiogel, sy'n effeithiol ac sy'n para. Mae'n syml – bwyta'n iach ac ymarfer corff yn gyson. Mae deiet llym yn gweithio dros dro, ond anaml iawn y byddi di'n cadw ato, ac mae'n dueddol o arafu'r metabolaeth sy'n golygu fod colli pwysau pellach yn anos. Dyw newynu ddim yn effeithiol chwaith. Mae'r corff yn ceisio dal gafael ar unrhyw fraster sydd ganddo, ac mae metabolaeth y corff yn arafu'n syfrdanol.

Os wyt ti am ennill pwysau dyw bwyta bwydydd llawn siwgr a braster, a diogi, ddim yn ffordd call iawn o wneud! Dy wneud di'n dost ac yn salw fydd unig ganlyniad hynny. Dylet ti geisio bwyta bwydydd iach sy'n uwch mewn calorïau a braster da, cnau a chig coch er enghraifft, ac ymarfer corff – yn enwedig codi pwysau os am ddatblygu cyhyrau.

Mae'n hawdd gadael i fwyd a phwysau fynd yn obsesiwn. Gall hyn arwain at salwch bwyta, megis anorecsia a bwlimia. Pobl ifanc yn eu harddegau sy'n dioddef o'r afiechydon hyn gan fwyaf, a merched yn fwy felly na bechgyn, er bod cynnydd syfrdanol wedi bod yn y nifer o fechgyn sy'n dioddef dros yr ugain mlynedd diwethaf.

Anorecsia
(Peidio â bwyta)
- colli llawer o bwysau
- misglwyf yn peidio
- newidiadau hormonal (bechgyn hefyd)
- trafferth cysgu

- teimlo'n oer
- teimlo'n chwil
- diffyg traul
- poenau stumog
- eisiau llonydd
- ymddygiad cyfrinachol / celwyddog
- eisiau cuddio'r corff – yn aml dan ddillad llac
- blew yn tyfu dros y corff
- eisiau rheolaeth
- gwadu bod problem
- ymarfer corff yn ormodol
- diffyg canolbwyntio
- iselder
- obsesiwn gyda bwyd
- ofn magu pwysau
- hwyliau tymhestlog
- syniadaeth gwyrdroedig ynghylch y corff
- obsesiwn gydag ymarfer corff a chadw'n heini

Bwlimia
(Gor-fwyta ac yna gorfodi dy hun i chwydu)
- llwnc tost
- llwnc wedi chwyddo
- poenau yn y stumog
- heintiau yn y geg
- pydru'r dannedd
- misglwyf afreolaidd
- trafferth cysgu
- croen gwael / sych
- ymddygiad cyfrinachol
- bwyta llawer iawn o fwyd
- chwydu
- hwyliau tymhestlog
- teimlo euogrwydd

- teimlo cywilydd
- colli rheolaeth
- iselder

Gor-fwyta
Bwyta'n ddi-baid
- magu pwysau
- ymddygiad cyfrinachol
- bwyta bwydydd afiach
- teimlo'n euog
- colli rheolaeth
- iselder
- teimlo cywilydd
- hwyliau tymhestlog

Cofia:

- Os oes ffrind gennyt ti sy'n dioddef o anorecsia neu bwlimia, dyw pregeth ddim yn debygol o helpu. Bydd yn ddyfeisgar – cadwa lygad manwl arni / arno i asesu pa mor ddrwg yw'r sefyllfa, a mynna help iddi hi / iddo fe.

- Gall ffrind golli pwysau sylweddol cyn i ti sylwi, yn enwedig os wyt ti'n ei gweld hi / ei weld e bob dydd. Erbyn i ti sylwi, falle fod y broblem eisoes yn llawer gwaeth nag wyt ti'n ei ddychmygu.

- Cyflwr meddyliol sy'n gyfrifol am afiechydon bwyta – ac mae'r cyflyrau hynny yn aml yn llawer anoddach eu trin nag unrhyw salwch corfforol. Bydd y sawl sy'n dioddef yn amharod iawn i gyfaddef fod problem ac yn wrthwynebus i unrhyw ymdrechion i'w helpu yn y lle cyntaf.

- Mae angen help arbenigol – dyw hyn ddim yn dasg y gelli di fel ffrind ymgymryd â hi ar dy ben dy hun, ond gelli chwarae rhan bwysig wrth gynnig cefnogaeth, cwmni a chyfeillgarwch i unrhyw un sy'n dioddef.

Misglwyf

'Genod sy'n cael misglwyf achos fasa hogia methu ddiodda fo. Mi fasan nhw yn eu gwely, yn llawn hunandosturi, ac yn swnian am ddynas i dendio arnyn nhw!'

'Pam fod merched yn cael misglwyf? Am eu bod nhw'n blydi wel haeddu nhw!'

'Problema merched 'di'r esgus mwya cyfleus yn y byd! Does neb yn dy ama di am ddefnyddio fo! Ma' dynas yn dallt, yn cydymdeimlo, a dyn gymaint o ofn nad ydi o'n deud dim!'

Deg peth mae angen i ti wybod am fisglwyf – ie, chi fechgyn hefyd!

1. Mae'n digwydd unwaith pob mis
2. Mae'n para rhwng 3 a 7 diwrnod
3. Y corff yn gwaredu wy anffrwythlon a leinin y groth
4. Dechrau yn ystod yr arddegau
5. Para nes bo canol oed
6. Y cyfan yn cael ei reoli gan lefelau gwahanol hormonau
7. Gall y newidiadau yn yr hormonau effeithio ar dymer
8. Gall fod yn boenus
9. Mae merched yn gallu beichiogi unwaith iddynt ddechrau eu misglwyf
10. Y peth pwysicaf oll i'w gofio – mae'n berffaith naturiol!

Cyngor call (i ferched yn unig y tro hwn!):

- Cadwa ddyddiadur i ti gael gwybod pryd i ddisgwyl dy fisglwyf
- Gofynna am gyngor gan ferched eraill a gan dy fam neu chwiorydd hŷn
- Arbrofa i weld pun ai tampons / pads sy'n dy siwtio di orau
- Mae dulliau o helpu gyda phoenau misglwyf yn cynnwys gwneud ymarfer corff addas, yfed te *chamomile*, bath twym, potel dŵr poeth ar dy fol ac, wrth gwrs, tabledi lladd poen os oes angen
- Mae'n eitha tebygol y bydd dy fisglwyf yn debyg i batrwm misglwyf dy chwaer / fam
- Mae paratoi ymlaen llaw yn gymorth i osgoi sefyllfaoedd lletchwith
- Paid â dioddef – cer at y doctor am gyngor os nad wyt ti'n gallu delio â phethau neu os wyt ti'n ansicr o gwbl

Ysmygu

Mae tystiolaeth feddygol bellach yn profi fod ysmygu cyson yn gallu lladd ac yn cael effaith uniongyrchol ar iechyd y corff. Mae'n gyffur. Un sy'n hawdd mynd yn gaeth iddo. (Gweler yr wybodaeth am nicotîn yn yr adran nesaf.)

Beth yw barn pobl ifanc am ysmygu? Pam gwneud? Pam peidio? Dyma rai ymatebion ...
Drewi
Edrych yn cŵl
Drud
Gneud fi feddwi'n gynt
Hunan-laddiad cymdeithasol
Gneud i mi edrych yn hŷn
Heneiddio'r croen
Secsi
Methu anadlu
Lleddfu nerfusrwydd
Bysedd melyn
Rhoi teimlad da
Gwastraff arian
Mae snogio rhywun sy'n smygu yn ddiawledig!
Gall achosi cancr
Licio torri rheolau
Llenwi amser
Dihangfa
Gneud am fod pobl eraill yn gneud
Arogl mwg yn aros yn y gwallt ac ar y dillad am oes
Rhan o fynd allan
Gwneud i mi ymlacio
Anghyfrifol
Hunanol

Cyffuriau

Pwnc difrifol dros ben – a dim pregethu sy' yma, dim ond cynnig ffeithiau. Canolbwyntio ar roi darlun clir o'r math o gyffuriau sydd ar gael, y peryglon ynghlwm â'u defnyddio nhw, a'r goblygiadau cyfreithiol. Felly tala sylw nawr – falle gallet ti ddysgu cwpwl o bethau i dy rieni wedi i ti ddarllen hwn!

Caffîn
- Mewn coffi, rhai diodydd meddal, siocled, tabledi
- Cwbl gyfreithlon
- Dibyniaeth meddyliol a chorfforol mewn defnyddwyr cyson
- Cynyddu curiad y galon, anadlu, metabolaeth, a'r angen i fynd i'r tŷ bach
- Gwneud i ti deimlo'n fwy effro
- Effaith ar y corff o fewn 15 munud
- Aros yn y corff am hyd at 4 diwrnod
- Os defnyddir yn aml, mewn lefelau uchel, gall effeithio ar batrymau cwsg, achosi pen tost, chwydu, dolur rhydd, clefyd y galon, wlser, a chynyddu colestrol
- Ni ddylid atal defnydd cyson o gaffîn ar unwaith. Yn hytrach dylid gwneud yn raddol (e.e 1 cwpaned o goffi / 1 can o ddiod meddal yn llai bob ychydig ddyddiau)

Nicotîn
- Yn bresennol ym mhob math o dybaco
- Y cyffur rhwyddaf i fynd yn ddibynnol arno
- Cwbl gyfreithlon
- Rhaid bod yn 16+ i brynu / smygu tybaco
- Erbyn 16 oed, mae mwy na 65% o bobl ifanc wedi trio ysmygu
- Merched yn fwy tebygol o ysmygu na bechgyn
- Bechgyn sy'n ysmygu yn dueddol o ysmygu mwy, ac yn fwy cyson
- Cyffur adfywiol
- Nicotîn yn cyrraedd yr ymennydd o fewn 7 eiliad

- Effeithiau'n para llai nag awr
- Gallu lleihau'r chwant am fwyd
- Dibyniaeth corfforol ac emosiynol (h.y ar yr arferiad)
- Blas / arogl afiach
- Ysmygwyr cyson yn credu bod nicotîn yn help iddynt ymlacio, ond y gwir amdani yw taw lefelau'r nicotîn yn y corff yn gostwng sy'n gwneud i'r ysmygwr deimlo'n bryderus / nerfus / byr eu hamynedd yn y lle cyntaf
- Effeithiau echrydus ar iechyd gan gynnwys croen sych, plorod, crychau, anadl ddrwg, croen yn llwydo, lliwio'r dannedd, peswch cyson, annwyd cyson, anadl yn mynd yn fyr, lleihau ocsigen yn y gwaed, emffysima, broncitis, cancr (llwnc, ysgyfaint, y fron, laryncs, y geg, pancreas – i enwi ond ychydig), yn effeithio ar systemau cenhedlu, afiechydon y galon, pwysedd gwaed uchel, magu pwysau (o ganlyniad i arafu metabolaeth)
- Yn effeithio ar fabanod yn y groth drwy leihau'r lefelau ocsigen sy'n eu cyrraedd
- Yn effeithio ar iechyd pobl sydd ddim yn smygu. Mae bod mewn awyrgylch fyglyd, hyd yn oed yn achlysurol, yn gallu arwain at effeithiau iechyd yr un mor ddifrifol i'r bobl yma â'r rhai hynny sy'n ysmygu

Alcohol
- Mewn diodydd meddwol
- Cwbl gyfreithlon
- Rhaid bod yn 18+ i brynu alcohol
- Cyngor meddygol yw dim mwy na 14 uned yr wythnos i fenyw, 21 i ddyn.
- 1 uned mewn ½ peint o gwrw / gwydraid bach o win (135ml) Cofia – gall hyn newid yn dibynnu ar % alcohol neu gryfder y cwrw / gwin
- Anghyfreithlon i yfed a gyrru (dim mwy na 80mg o alcohol i bob 100ml o waed)
- Alcohol yn meddwi pobl, arafu ymateb yr ymennydd a'r corff, ac yn arwain at golli rheolaeth
- Yn dilyn gor-yfed alcohol, gelli ddisgwyl dioddef o ben tost, syched,

- chwydu, y pen yn troi, llygaid coch, blinder
- Effeithiau'n amrywio gan ddibynnu ar faint mae rhywun yn yfed, pa mor glou, maint corfforol, faint wyt ti wedi ei fwyta, cyffuriau eraill yn y system, y math o ddiod ac oedran
- Goddefiaeth yn cynyddu'n gyflym, h.y angen yfed mwy i greu'r un teimladau
- Ymddangos i fod yn ymlacio, codi hwyliau, chwerthin, cynyddu hyder
- Gall gynyddu ymddygiad treisgar
- Effeithio ar leferydd, cerdded, golwg, y gallu i ganolbwyntio a chydbwysedd
- Pobl meddw yn aml yn gwneud pethau maent yn ddifaru
- Gall arwain at syrthio'n anymwybodol
- Effeithiau hir dymor – heneiddio'n gynt, yr ymennydd, cynyddu'r siawns o gancr (y fron, y geg, y stumog, yr afu), y nerfau, cof, pwysedd gwaed, niweidio'r afu, gallu arwain at glefyd y galon, magu pwysau, effeithio'r pancreas, gallu'r stumog i brosesu bwyd, chwydu cyson, poenau corfforol, problemau cysgu

Canabis

- Hefyd yn cael ei alw'n *marijuana, blow, draw, weed, shit, puff, hash, ganja, skunk, wacky baccy, spliff,* mwg drwg, *joint, space cake*
- Y cyffur mwya poblogaidd ymysg yr arddegau
- Cyffur Dosbarth C (gweler isod)
- Gan amlaf yn cael ei ysmygu (wedi ei gymysgu â thybaco) neu ei fwyta (cacennau)
- Effeithiau yn amlwg o fewn ychydig funudau, para tua awr
- Ymlacio, chwerthin a siarad lot
- Cynyddu'r dyhead am fwyd
- Lleihau'r gallu i ganolbwyntio
- Effeithio ar reolaeth y corff
- Gwneud pobl yn fwy agored yn rhywiol
- Lleihau poen, rhai dioddefwyr clefydau megis MS yn defnyddio canabis o ganlyniad
- Effeithio ar y clyw ac ar y golwg – gallu arwain at rithweledigaethau

(hallucinations)
- Cynyddu pwysedd gwaed
- Effeithiau corfforol yn gallu cynnwys chwydu, llewygu, teimlo'n chwil, troi'n welw – yn enwedig wrth gymysgu gydag alcohol
- Effeithiau hir dymor yn cynnwys anawsterau anadlu, paranoia, dim egni, effeithio'r cof, blinder cyson
- Peryglon nicotîn yn codi hefyd wrth gymysgu â thybaco
- Peryglus iawn i rai sydd eisoes yn dioddef salwch meddwl. Credir bod defnyddio Canabis yn cynyddu'r tebygolrwydd o ddatblygu salwch meddwl

Hydoddion (*Solvents*)
- Glud, hylifau tanwydd, nwy, êrosol
- Y sylweddau eu hunain yn gyfreithlon, ac ar gael ar ffurf amrywiaeth eang mewn siopau
- Anghyfreithlon i siopwyr werthu hydoddion i bobl dan 18, yn enwedig os ydynt yn amau cam-ddefnydd
- Anadlu drwy'r ysgyfaint, sniffio neu chwistrellu yn syth i gefn y llwnc
- Effeithiau tebyg i feddwdod
- Pen-ysgafndod, chwerthin, colli cydbwysedd
- Gallu achosi 'rhithweledigaethau' – gweld pethau
- Peryg o ddiodde pen tost difrifol
- Dibyniaeth
- Effeithio ar yr ymennydd, ysgyfaint, afu, arennau
- Goddefiaeth yn cynyddu'n gyflym, h.y angen defnyddio mwy er mwyn creu'r un teimladau
- Gallu lladd – a hynny o'r chwistrelliad cyntaf un

Steroids
- Steroid Anabolig, *roids*
- I'w cael ar ffurf tabledi neu hylif
- Llyncu neu chwistrellu
- Cyffur cyfreithlon ar bresgripsiwn at ddefnydd meddygol, cyffur Dosbarth C fel arall (gweler isod)

- Cwbl anghyfreithlon ym myd chwaraeon
- Yn bodoli'n naturiol yn y corff
- Cynyddu cryfder / cyflymder
- Datblygu cyhyrau
- Gallu cynyddu ymddygiad treisgar
- Gallu effeithio ar dyfiant (pob un rhan o'r corff) yn barhaol
- Rhai'n credu eu bod yn gymorth i wella'n gynt wedi anaf
- Achosi iselder
- Paranoia
- Effeithio ar bwysedd gwaed
- Gallu achosi rhywun i deimlo'n chwil / llewygu
- Effeithiau hir dymor ar y galon, yr afu, yr arennau, systemau cenhedlu, iechyd meddyliol, cwsg, awydd bwyd, cynnydd twf blew (yn enwedig ar yr wyneb, ac i ferched), llais yn dyfnhau, cynyddu awydd rhywiol merched, lleihau awydd rhywiol bechgyn, anhawster cael codiad, twf bronnau (merched a bechgyn), hynod niweidiol i fabanod yn y groth
- Rhannu nodwyddau'n gallu arwain at Hepateitis a HIV; gallu lladd

Ecstasy
- *E, white doves, pills, burgers, mitsis, dolphins, rolexes, pills.* MDMA yw'r enw cemegol
- Cyffur Dosbarth A (gweler isod)
- Tabled neu bilsen i'w llyncu
- Caiff ei gymysgu gyda sylweddau eraill megis sialc neu gaffin, gwydr mân hyd yn oed, felly dim sicrwydd o burdeb y bilsen
- Effeithiau'n amlwg o fewn 30 munud
- Para rhwng 3 a 6 awr
- Cynyddu egni
- Chwerthin
- Hwyliau da
- Du'r llygaid yn tyfu
- Syched, llwnc / ceg sych
- Cynyddu tymheredd y corff
- Teimlad cynnes / cariadus

- Chwysu
- Cynyddu pwysedd a churiad y galon
- Gên yn tynhau, awydd cnoi, crensian dannedd
- Colli awydd bwyta
- Peryglus iawn wrth gymysgu ag alcohol
- Corff yn colli lot fawr o ddŵr. Dylid yfed diodydd bach o ddŵr yn gyson, yn hytrach na llawer o ddŵr ar unwaith.
- Effeithio ar batrymau cwsg
- Dibyniaeth meddyliol cryf ar y teimladau braf
- Effeithiau hir dymor – salwch meddwl, iselder, hefyd yn effeithio ar y galon, yr afu, yr arennau, yr ymennydd, y cof, hydradedd
- Gallu gwenwyno neu ladd, hyd yn oed 1 bilsen yn unig

Amffetamin
- *Speed, powder, council, billy, whizz*
- Powdwr gwyn
- Cyffur Dosbarth B (gweler isod), ond os paratoir ar gyfer chwistrellu, yna fe'i ystyrir yn gyffur Dosbarth A (gweler isod)
- Ffroeni / llyncu. Chwistrellu hefyd ambell waith.
- Dibyniaeth meddyliol
- Goddefiaeth yn cynyddu'n gyflym, h.y. angen cymryd mwy i greu'r un teimladau
- Teimlad o hyder
- Hwyliau da
- Teimlad o bŵer
- Purdeb yn amrywio'n helaeth, felly hefyd yr effeithiau
- Siaradus
- Nerfusrwydd
- Awydd symud yn gyson
- Du'r llygaid yn chwyddo
- Panig
- Anadl a churiad y galon yn cynyddu, yn llythrennol yn cyflymu ffwythiant y corff
- Gallu achosi rhywun i weld pethau

- Teimlad o iselder wrth i'r cyffur adael y corff, fel arfer dim ond yn para ychydig oriau, ond defnydd cyson yn gallu arwain at barhad am ddyddiau, wythnosau neu fisoedd
- Effeithio ar batrymau cwsg
- Effeithio'r awydd i fwyta
- Peryglus iawn i'r sawl sydd ag afiechydon y galon
- Peryglus iawn i'r sawl sy'n diodde o salwch meddwl

LSD
- Pilsen fach iawn (microdot) ar gefn sgwâr o bapur lliwgar / pilsen fach liwgar
- Cyffur Dosbarth A (gweler isod)
- Pwerus iawn
- Rhoi teimlad o hapusrwydd
- Colli rheolaeth
- Cryfder yn amrywio cryn dipyn – dim modd gwybod ymlaen llaw
- Effeithiau o fewn 30 munud
- Effeithiau'n para rhwng 8 a 12 awr (Trip)
- Effeithio ar liw / symudiad gwrthrychau
- Gallu effeithio'r clyw hefyd
- Dim modd rhoi stop ar drip
- Trip gwael os oes hwyliau gwael / iselder ar rywun wrth gymryd y cyffur
- Angen cadw rhywun sy'n dioddef o drip gwael yn dawel, a rhoi cefnogaeth iddynt
- Dibyniaeth meddyliol
- Goddefiaeth yn cynyddu'n gyflym, h.y. angen cymryd mwy i greu'r un teimladau
- Effeithiau hir dymor – cofio 'nôl (*flashback*) am gyfnod hir wedyn, paranoia, effeithio iechyd meddwl, iselder

Madarch Hud
- *Shrooms, mushies*
- Madarch *Liberty Cap* / *Fly Agaric*

- Bwyta'n amrwd, wedi'u sychu, wedi'u coginio, neu wedi'u paratoi mewn te
- Casglu a bwyta'r madarch yn gwbl gyfreithlon, ond os paratoir y madarch (sychu / gwneud te) daw'n Gyffur Dosbarth A (gweler isod)
- Effeithiau tebyg i LSD, ond trip gwannach a byrrach, yn anhebygol o bara mwy na 9 awr
- Gallu achosi stiffrwydd cyhyrol
- Chwydu
- Colli rheolaeth
- Dibyniaeth meddyliol
- Goddefiaeth yn cynyddu'n gyflym, h.y. angen cymryd mwy i greu'r un teimladau
- Panig
- Paranoia
- Gweld a chlywed pethau
- Lliwiau cryf
- Gwrthrychau'n symud
- Hwyliau da
- Modd cael trip gwael a dim modd ei atal unwaith iddo ddechrau
- Peryglus iawn i'r sawl sy'n diodde o salwch meddwl
- Y madarch anghywir yn gallu gwenwyno / lladd

Cocaine
- Coke, Charlie, Crack, Snow, C, sniff, powder
- Powdwr / craig gwyn
- Gellir ei smygu (crack), ffroeni, chwistrellu
- Cyffur Dosbarth A (gweler isod)
- Effaith o fewn eiliadau, para hyd at awr
- Dibyniaeth meddyliol cryf
- Hwyliau da
- Hunanhyder
- Cynnydd cyffredinol mewn ymwybyddiaeth
- Siaradus
- Cynnydd mewn teimladau ac awydd rhywiol

- Chwysu
- Ceg / llwnc sych, syched
- Dim awydd bwyta
- Dim awydd cysgu
- Sain *'buzz'* cyson yn y clustiau
- Blinder
- Rhwymedd
- Pryder
- Nerfusrwydd
- Teimlo'n oer, crynu
- Trwyn / ceg yn colli teimlad
- Paranoia
- Annwyd
- Niwed i denllif y drwyn
- Trwyn yn gwaedu
- Wrth i effaith y cyffur wanhau – blinder, anniddigrwydd, awydd bwyd, poenau, pennau tost, iselder, sensitifrwydd i oleuni a sŵn, panig
- Effeithiau hir dymor – anniddigrwydd, problemau gyda'r galon, iselder hyd at hunan laddiad, gor-gyffroi, gor-ymateb, crio, chwydu, colli pwysau, cael ffitiau, gweld pethau, problemau meddyliol
- Gallu lladd – peryglon rhannu nodwyddau megis Hepateitis a HIV

Heroin
- *Smack, H, Horse, Brown, Gear, Junk, Jack, Skag*
- Powdwr gwyn / brown
- Gellir ei smygu / ffroeni / ei doddi a'i chwistrellu
- Cyffur Dosbarth A
- Effeithiau'n amlwg yn syth
- Effeithiau'n para tua awr
- Lladd poen
- Chwydu
- Rhwymedd
- Ymlacio
- Teimlad o gynhesrwydd

- Hapusrwydd
- Anghofio gofidiau
- Purdeb yn amrywio, hawdd cymryd gorddos (*overdose*)
- Coma
- Dibynnol iawn yn gorfforol ac yn feddyliol
- Babanod yn cael eu geni i famau sy'n gaeth hefyd yn debygol o fod yn gaeth
- Datblygu goddefiaeth yn gyflym tu hwnt
- Effeithiau hir dymor – gwenwyno'r gwaed, poenau, crynu, colli pwysau, chwysu, dylyfu gên, ffitio, dim awydd bwyd, cornwyd, tisian, cramp, baw yn y gwaed a chlefydau marwol megis Hepateitis a HIV drwy rannu nodwyddau
- Sgîl effeithiau poenus wrth drio rhoi'r gorau i'r cyffur yn para tua 10 diwrnod
- Gallu lladd

Y Gyfraith

Dosbarth A **Meddiant:** Hyd at 7 mlynedd o garchar. Dirwy.
Meddiant gyda'r bwriad o werthu:
Carchar hyd at oes. Dirwy.

Dosbarth B **Meddiant:** Hyd at 5 mlynedd o garchar. Dirwy.
Meddiant gyda'r bwriad o werthu:
Hyd at 14 mlynedd o garchar. Dirwy.

Dosbarth C **Meddiant:** Hyd at 2 flynedd o garchar. Dirwy.
Meddiant gyda'r bwriad o werthu:
Hyd at 14 mlynedd o garchar. Dirwy.

Hunan-niweidio

Beth?
Achosi niwed corfforol yn fwriadol

Sut?
Torri'r croen – siswrn, cyllell, llafn rasal
Llosgi
Bwrw / brifo
Crafu / torri croen hyd waedu
Rhwygo gwallt / amrannau

Pam?
Ymgais i reoli
Rheolaeth llwyr dros niweidio
Digwyddiad penodol – bwlio, salwch, casáu ymddangosiad, trais, diffyg sylw, diffyg cariad
Cosb am deimlo euogrwydd/ofn/casineb/gwarth/diwerth
Poen corfforol yn gwaredu poen mewnol
Cais am gymorth
Anaml yn gais am sylw
Anaml yn ymgais at hunan-laddiad

Symptomau:
Mae'n anodd adnabod symptomau gan fod y sawl sy'n niweidio'n debygol o fod yn hynod gyfrinachol ynghylch y broblem.

Mae angen bod yn ymwybodol o: greithiau / cytiau, ymgais i guddio anafiadau (e.e. llewys hir), gwelwi, diffyg egni, unrhyw ymddygiad cyfrinachol, iselder, diflannu o dan straen, tueddiad i wrthod cwmni.

Peryglon:
Creithiau parhaol

Colli gwaed
Heintiau
Salwch meddwl
Dibyniaeth ar niweidio, niweidio'n datblygu i fod yn ffordd o ymdopi

Beth sydd ei angen?
Sylw meddygol at anafiadau
Dealltwriaeth
Rhywun i wrando
Neb i farnu
Cwnsela
Cefnogaeth
Ymddiriedaeth
Rhannu profiadau

Ffyrdd o helpu:
Gwrando
Dod o hyd i wybodaeth
Dod o hyd i gymorth
Cwmni
Egluro ar ran y sawl sy'n hunan-niweidio
Tywys

Cofia:

- Does dim modd gorfodi neb i dderbyn cymorth.

- Rhaid iddyn nhw sylweddoli a chydnabod fod problem ganddynt a rhaid iddynt fod eisiau cymorth.

- Paid â synnu / siomi o ganfod mai chwilfrydedd am gymorth yn unig sydd ganddyn nhw; nid yw hynny o reidrwydd yn golygu eu bod am roi'r gorau i hunan-niweidio.

- Yr hyn alli di ei gynnig yw help i chwilio am wybodaeth bellach, caniatáu amser iddyn nhw a pheidio gorfodi penderfyniad buan, a bod yn sbardun iddyn nhw fod eisiau ceisio cymorth eto.

Rhoi'r gorau i niweidio
Os wyt ti'n hunan-niweidio, gall yr isod fod o gymorth i ti ddeall a rheoli'r niweidio.
- Noda dy hwyliau mewn dyddiadur – bydd yn helpu i ti ddod i adnabod patrymau a rhag-weld adegau pan fo hyn yn debygol o ddigwydd.
- Ceisia adnabod lleoliad sy'n sbardun
- Sylwa os oes cysylltiad gyda pherson / pobl penodol
- Ceisia adnabod arwyddion iselder
- Gwna drefniadau ar gyfer adegau tebygol
- Cadwa'n brysur
- Cadwa draw oddi wrth offer a sefyllfaoedd peryglus

Awgrymiadau penodol
Mae'r awgrymiadau isod yn gallu bod o gymorth i arbed niweidio pan fo ar fin digwydd.
- Symud lleoliad
- Cadw'n brysur drwy gyflawni tasg ymarferol
- Cadw'n brysur drwy gyflawni tasg corfforol
- Gwaredu egni drwy ymarfer corff
- Ymlacio
- Anadlu'n ddwfn ac araf
- Cyfri / ailadrodd geiriau hoff gân / gerdd
- Gosod y dwylo mewn dŵr rhewllyd
- Gosod iâ ar y rhannau o'r corff y byddet yn eu niweidio
- Gosod clwt/plastr dros rannau'r corff y byddet yn eu niweidio
- Lliwio rhannau'r corff y byddet yn niweidio gydag inc / lipstic coch
- Lliwia dy wallt yn goch a gwylia lif y dŵr coch
- Plycio band elastig yn erbyn croen y garddwrn
- Ffonio ffrind am sgwrs
- Dod o hyd i gwmni

Iselder

Mae iselder yn llawer iawn mwy cyffredin na'r disgwyl ymhlith pobl ifanc.

Mae'r effeithiau yn amrywio mewn cysondeb, difrifoldeb ac ymateb. Gall rhai ddioddef pyliau byr, tra bod eraill yn diodde'n gyson, a gall sawl un ddioddef heb i'r bobl o'u cwmpas, hyd yn oed y rhai agosaf atyn nhw, fod yn ymwybodol o hynny.

Salwch meddwl yw iselder, sy'n golygu nad oes symptomau corfforol o reidrwydd. Gall dioddefwyr ymddangos yn holliach, yn llawen hyd yn oed. Mae'r sawl sy'n dioddef iselder yn aml yn gwrthod cydnabod eu bod yn dioddef – yn enwedig wrth eraill. Mae'r diffyg symptomau corfforol amlwg yn ei gwneud hi'n haws i guddio'r salwch, ond fe fydd unrhyw salwch meddwl yn arwain at ddirywiad iechyd corfforol yn y pen draw.

Os wyt ti'n pryderu ynghylch ffrind, bydd yn graff. Noda unrhyw newidiadau yn eu hymddygiad, a chefnoga nhw. Gwna'n siŵr eu bod yn gwybod dy fod yn poeni ac yn barod i wrando os ydyn nhw'n dymuno hynny. Paid â'i gor-wneud hi. Mae dioddefwyr iselder yn casáu pwysau a busnesa. Cofia hefyd fod paranoia ac iselder yn gweddu ei gilydd i'r dim.

Os wyt ti'n dioddef gydag iselder, dylet gysylltu â'r doctor neu gydag un o'r llinellau cymorth arbenigol.

Cofia:

- Does dim rhaid i ti ddioddef yn dawel. Mae iselder bellach yn cael ei gydnabod fel salwch, ac mae sawl modd o drin iselder yn llwyddiannus a'r rheiny'n amrywio o gwnsela i driniaeth mewn ysbyty.

- Mae salwch meddwl – iselder yn enwedig – yn rhywbeth graddol –

dwyt ti ddim o angenrhaid yn deffro un bore yn teimlo'n isel ac yn gallu bod yn ymwybodol o hynny, ond fe all un digwyddiad fod yn sbardun i'r iselder weithiau.

- Y peth gwaethaf alli di ei ddweud wrth rywun sy'n dioddef o iselder yw 'sortia dy hun mas' – y cyfan wnaiff hynny yw creu pellter rhyngot ti a'r sawl wyt ti'n ceisio eu helpu.

Delwedd ac ymddangosiad

Trafodwch!

'Dyw'r ffordd wyt ti'n edrych ddim yn bwysig – beth sydd o dan y croen sydd bwysicaf!'

'Does yna ddim y fath beth â chorff perffaith!'

'Well gen i rywun sy'n edrych yn naturiol!'

'Rwyt ti'n teimlo ar dy orau pan wyt ti'n edrych ar dy orau.'

'Dy ymddangosiad yw'r peth cyntaf mae eraill yn sylwi arno.'

'Mae delwedd yn ffordd i ti brofi dy hunaniaeth. Mae e hefyd yn ffordd i ti brofi dy fod yn perthyn, yn dy alluogi di i gael dy dderbyn neu dy alltudio.'

'Mae dy ymddangosiad yn effeithio ar dy hyder.'

Gan fy mod i'n dal i drafod iechyd – sa i moyn trafod delwedd fel ffasiwn a steil gwallt ayb, yn hytrach, rwy am ganolbwyntio ar ambell enghraifft ble mae delwedd yn gor-gyffwrdd â iechyd. Ond 'sdim angen i chi wrando ar fy marn bersonol i – gewch chi siarad â'ch gilydd!

Dannedd

'Dwi'n gorfod cael braces ar fy nannedd! Wel, dwi'm yn gorfod os nad ydw i isio, ond mae'r deintydd yn awgrymu'n gryf y dyliwn i. Mae 'nannedd i'n reit gam a deud gwir ond dwi 'di hen arfer efo nhw. Dwi'm isio bod yn 'metal mouth' am o leia blwyddyn chwaith. Dwi'n ama hefyd eu bod nhw'n brifo, ac na fydd genod isio snog efo fi os dwi'n gwisgo braces. Help!'

'Wy newydd gael tynnu braces a wy'n edrych gyment gwell nawr! Dy'n nhw ddim yn brifo, a wir mae e'n werth y sylwadau twp fel 'metal mouth' gan ambell un plentynnaidd achos ma' pobl yn sylwi cystal wy'n edrych nawr! Ac ma' hynny wedi cau eu penne nhw unwaith ac am byth! Do, fe ges i ambell i snog tra'n gwisgo braces, ond wy'n cael loads nawr! A digon o gynigion! A s'neb moyn snog 'da rhywun sy â dannedd cam o's e?! So nhw'n brifo – t'am bach falle pan ti'n cael nhw 'di ffito, ond dim ar ôl 'ny. Ti'n dod i arfer â nhw, fel popeth arall. Lle ma' dy asgwrn cefn di?! Meddylia am y peth fel prosiect hir dymor a jyst gwna fe!'

Llygaid

'Ma'n rhaid i fi gael sbecs! A'u gwisgo nhw drwy'r amser! Wy'n rîli lico 'ngwyneb i. Ac ma' pawb yn gweud mor bert yw'n llyged i. Sa i moyn i bobl neud hwyl am 'y mhen i! So'r optegydd yn fodlon rhoi contacts i fi 'to. Be 'sen i dim ond yn eu gwisgo nhw pan nago's neb arall o gwmpas?'

''Sach chdi'n mynd yn ddall!'

'Wy'n gwisgo sbecs, a wy'n lico nhw. Dou bâr gwahanol 'da fi, ac ma' nhw'n gallu newid fi'n llwyr!'

'Dos â ffrind gonast efo chdi wrth ddewis. Neu ella fyddi di'n styc efo sbecs sy'n gneud i chdi edrach fatha lembo. Ac mae o'n wir bo chdi'n edrach yn fwy galluog efo sbectol!'

Croen

'Dwi'm yn dallt sut medra i fynd i gysgu hefo croen clir, a deffro bora wedyn hefo clamp o bloryn hyll ar gopa nhrwyn!'

'Wy'n diodde 'da croen sych. Mae'n iawn fel arfer ond os odw i 'di blino neu'n dost mae'n mynd yn wael, mae'n mynd yn goch iawn, ac yn cwmpo bant, un ai mewn sheets mawr, neu fel plu eira. Mae'n ffiaidd!'0

10 ffactor sy'n effeithio'r croen
1. Llygredd
2. Baw
3. Ysmygu
4. Blinder
5. Iechyd
6. Y tywydd
7. Pryder
8. Deiet
9. Hormonau
10. Alergedd

10 ffordd o gadw'r croen yn iach
1. Boring, ond bwyta'n iach.
2. Mwy boring, ond yfed lot o ddŵr (tua 2.5 litr y diwrnod) er mwyn gwaredu gwastraff o'r corff.
3. Peidio 'smygu – mae'r gwenwyn yn atal ocsigen rhag cyrraedd i'r croen.
4. Ymarfer corff. Llesol ym mhob ffordd, ac yn cynyddu lefel yr ocsigen a llif y gwaed i'r croen.
5. Ymolchi'n drwyadl, ac yn aml. Mae baw, chwys, bacteria a llygredd anweladwy yn mynd i mewn i haen ucha'r croen byth a hefyd. Er na fydd y croen yn ymddangos yn frwnt o bosib mae'r croen yn storio'r baw ac ati sy'n cronni ym meindyllau'r croen ac yn creu plorod.
6. Dod o hyd i ddeunyddiau addas ar gyfer dy fath di o groen. Gall sebon sychu croen sych yn waeth, ond gall fod o gymorth i groen sy'n cynhyrchu lot o olew. Mae'n ddrud, ond arbrofa er mwyn dod o hyd i'r

pethau sy'n siwtio ti orau a datblyga system o'u defnyddio'n rheolaidd!
7. Gwna'n siŵr dy fod yn tynnu dy golur yn drwyadl – bob tro!
8. Awyr iach – mae fitamin D yn llesol iawn i'r croen.
9. Gwisgo eli haul. Paid â llosgi ar unrhyw gyfrif. Mae'n gallu arwain at gancr y croen, ac yn hawdd ei osgoi.
10. Golchi dillad a dillad gwely'n rheolaidd er mwyn lladd bacteria a gwaredu baw niweidiol.

Rheolau aur plorod

1. Paid â'u gwasgu! Os oes rhaid i ti eistedd ar dy ddwylo i osgoi'r demtasiwn, mae e'n werth gwneud! Os wyt ti'n anwybyddu'r ploryn fe fydd e'n diflannu'n llawer cynt na phetait ti'n ei wasgu. Y broblem gyda gwasgu plorod yw fod pobl yn tueddu i ddefnyddio'u bysedd neu eu hewinedd. Mae lot fawr o faw yn casglu yn y mannau hynny, a thrwy wasgu'r ploryn mae'r baw yn mynd i mewn i'r croen. Mae'r ploryn wedyn yn gallu gwaedu sy'n golygu y bydd yn para'n hirach ac yn fwy anodd ei guddio. Os yw'r demtasiwn wir yn ormod i ti, gwna'n siŵr dy fod yn gosod hances bapur rhwng dy fysedd a'r ploryn i atal trosglwyddo budreddi rhwng y bysedd a'r ploryn.
2. Past dannedd. Mymryn bach lleia ar ben y ploryn i'w sychu. Paid â gwneud hyn os oes gennyt ti groen sensitif.
3. Persawr. Eto y mymryn lleia ar ben y ploryn i'w sychu, a gwynt ffein hefyd. Eto, paid â gwneud hyn os oes gennyt ti groen sensitif.
4. Antiseptig. Boed hyn ar ffurf hylif, hufen neu olew, mae sawl math ar gael. Rhai yn gryfach nag eraill ac yn gallu llosgi tipyn bach.
5. Dŵr berwedig. Aros am funud. Cyn bo ti'n mynd ati i hwpo dy ben mewn tegell a gorfod poeni am losgiadau difrifol yn ogystal â phlorod, darllena'r gweddill yn gyntaf! Mae'r mymryn lleiaf o ddŵr berwedig ar wlân cotwm, yn union ar ben y ploryn, yn gallu cyflymu'r broses o aeddfedu'r ploryn a'i godi i'r wyneb yn gynt. Ddim yn syniad da gwneud hyn peth cyntaf yn y bore felly. Ac unwaith i'r pen melyn hyll 'na ymddangos – paid â'i wasgu e! Hefyd mae nifer o bobl yn credu gall stêm o ddŵr berwedig fod yn help mawr i'r croen. Rhaid bo ti rhywdro wedi gweld rhywun yn eistedd gyda thywel am eu pen yn anadlu'n ddwfn dros bowlen o ddŵr berwedig? Wel dyna pam! Os gwneir hyn yn gyson gellir gwella'r croen yn syfrdanol –

un o'r pethau yma yn tynnu baw a gwastraff o'r meindyllau. Y peth gorau am sawna / ystafell stêm wrth gwrs yw bod 'na bobl hanner porcyn o gwmpas y lle hefyd. Wedi meddwl, mae'n dibynnu pwy y'n nhw.

Ac mewn argyfwng ...

5 ffordd o guddio plorod:

1. Colur. Tua'r un lliw â lliw dy groen di. Y theori yw y bydd y colur yn gorchuddio'r ploryn ac yn gwneud dy wyneb di'n llyfn ac yn hyfryd eto. Nawr, fechgyn, pob croeso i chi drio hwn, ond gwyliwch nad oes neb yn eich dal chi'n gwneud! Y gamp yw peidio â rhoi gormod o golur, dim byd sy'n rhy drwchus, neu fe fydd yn sychu fel lwmpyn o glai oren ar dy wyneb di sy'n fwy amlwg o lawer na'r ploryn. A bois – os y'ch chi'n benthyg colur eich mam, chwaer neu gariad, rhowch e 'nôl yn gwmws lle ffeindioch chi fe plîs!

2. Gwallt. Yn amlwg yn dibynnu ar lle mae'r ploryn, ond efallai bod modd i ti steilio dy wallt i'w guddio? Yn aml iawn mae plorod yn ymddangos ar linell dy wallt di, felly fringe unrhyw un? Hefyd mae gwallt hir wedi ei wisgo'n rhydd yn gallu cuddio plorod ar y gwddf.

3. Hetiau. Mae'r rhain yn bethau gwych sy'n gallu cuddio'r talcen a thaflu pob math o gysgodion handi ar draws gweddill yr wyneb. Ond cofia ystyried i ble wyt ti ar fin mynd. Gallet ti ffeindio'r het berffaith, yna cyrraedd i'r ysgol ac mae'r athro cyntaf ti'n ei weld yn mynnu dy fod ti'n ei thynnu, a dyw hi'n dda i ddim i neb wedyn ydy hi?!

4. Colur gwyrdd. Gofalus. Dyw e ddim yn hawdd. Mae colur gwyrdd yn gallu tynnu'r lliw coch mas o unrhyw bloryn, ond tipyn bach bach bach sydd ei angen, neu fydd e jyst yn edrych fel colur gwyrdd. Sy'n waeth na phloryn coch. O bosib.

5. Dyw hwn ddim cweit yn cuddio ond yn hytrach yn tynnu sylw oddi ar y ploryn at rhywbeth gwell. Eto, yn anffodus, mae'n haws i ferched. Gall mwclis neu sgarff neu wisg arbennig dynnu sylw pobl oddi wrth yr wyneb. Neu gall lipstic hyfryd neu golur llygaid deniadol dynnu sylw oddi wrth y ploryn unwaith eto. Yn absenoldeb hyn i gyd, gallet ti droi'r smotyn yn un du gyda chydig o feiro neu bensil neu beth bynnag a thaeru dy fod ti'n gwneud hynny fel teyrnged i'r hen Marilyn Monroe. Pob lwc!

Tyllu

'Ma' cwpwl o piercings 'da fi'n barod, dim byd mawr – clustiau, trwyn ac ael. Ond wy moyn cael un yn fy nhafod. A wy moyn tatŵ 'fyd. O's rhaid i fi gael caniatâd rhiant?

'Falle bydd tatŵ'n edrych yn neis nawr – ar groen ifanc tyn – ond a fydd e'n edrych cystal ar hen groen sagi?!'

'Mae gen i tempŵ. Fath a tatŵ, ond 'di o ond yn para dwy flynadd. Be am drio un o'r rheina, cyn penderfynu ar un go iawn?'

'Wy'n dechre difaru cael 'y motwm bola i 'di neud ryw 4 mlynedd yn ôl. Gallen i dynnu fe mas, ond bydde'r twll 'na o hyd.'

Y gyfraith

Yn ôl y gyfraith, mae angen caniatâd rhiant neu warcheidwad ar unrhyw unigolyn o dan 18 oed er mwyn tyllu. Fe fydd rhai siopau yn gofyn i ti brofi dy oed. Ni chaniateir tyllu organau rhyw na thethau unrhyw un o dan 16 oed. Mae'n anghyfreithlon i rai o dan 18 oed gael tatŵ.

Cofia:

- Mae tatŵ'n barhaol.

- Cofia am beryglon afiechydon megis hepatitis a HIV o rannu nodwyddau.

- Gwna dy ymchwil yn fanwl. Dewisa weithredwr da.

- Gwna'n siŵr y cei di gyngor manwl ynghylch gofal, a'th fod yn ei ddilyn! Mae tyllau'n aml yn troi'n heintus heb ofal cywir.

Blew

Yn ystod yn arddegau does dim stop ar y stwff 'ma! Mae'n ymddangos bron dros nos a thros bob man!

Mae blew pob person yn wahanol, ac yn tyfu i raddau gwahanol ac mewn mannau gwahanol ar bob unigolyn. Dim pawb sy'n tyfu blew, yn sicr ddim ym mhobman, felly paid â phoeni! A weithiau, nid tyfu mae'r blew, ond tywyllu ac felly'n ymddangos yn fwy trwchus.

Yn gyffredinol mae bechgyn dipyn hapusach gyda'u blew na merched. Tra bod merched (neu lot ohonyn nhw) yn eitha hoffi blew ar fechgyn dyw'r un peth ddim yn dueddol o fod yn wir i'r gwrthwyneb!

Os wyt ti am waredu blew, dyma'r ffyrdd mwyaf cyffredin o wneud:

Plycio
Ble? Ael, fel arfer – blewyn fan hyn a fan draw. Gallu gneud ym unrhyw le os oes gen ti dridiau i'w sbario!
Pwy? Merched fel arfer, ond falle dylai bechgyn ystyried gwneud hyn hefyd os ydyn nhw'n anhapus gyda'u haeliau!
Manteision: Rheolaeth dros siâp. Un blewyn ar y tro felly'n methu gwneud camgymeriadau mawr.
Anfanteision: Brifo ar y dechrau. Anodd cael 2 ael yn union yr un peth. Croen tipyn bach yn goch am awr neu ddwy wedyn.

Eillio gyda rasal
Ble? Wyneb, ceseiliau, coesau, llinell bicini, brest
Pwy? Merched a bechgyn
Manteision: Cyflym a hawdd. Rhad.
Anfanteision: Gallu torri dy hun. Cwt yn gwaedu am oesoedd. Rash / plorod ar groen sensitif. Blew yn tyfu 'nôl yn gyflym ac yn fwy trwchus.
Rhybudd: Sebon neu hufen neu gel pwrpasol yn angenrheidiol, neu mae perygl bydd dy groen di'n stribedi rhwygedig poenus!

Eillio gyda rasal drydanol
Ble? Wyneb, coesau, ceseiliau
Pwy? Bechgyn a merched
Manteision: Cyflym. Gallu eu defnyddio ar groen sych.
Anfanteision: Drud i brynu peiriant. Plwg siâp od. Swnllyd. Rhai peiriannau i'r merched yn brifo. Blew yn tyfu 'nôl yn gyflym ac yn fwy trwchus.

Wacsio / triniaeth siwgr
Ble? Coesau, ceseiliau, aeliau, gwefus, cefn, llinell bicini, 'crack, back & sack'?!
Pwy? Pawb
Manteision: Para tua 6 wythnos. Teimlo'n rili llyfn. Blew ddim yn tyfu 'nôl yn fwy trwchus.
Anfanteision: AAAAAAWWWWWWW! Poenus. Iawn. Dros ben. Anodd a mesi i'w wneud dy hun. Blew yn gorfod bod yn weddol hir cyn gwneud – felly rhaid dioddef bod ychydig yn flewog am gyfnod cyn gwneud. Rash / cochni am gyfnod byr wedyn.

Hufen
Ble? Coesau, ceseiliau, llinell bicini, wyneb (cynnyrch arbenigol at hyn)
Pwy? Merched gan amlaf, ond bois – pam lai?!
Manteision: Hawdd. Effeithiol. Para tua wythnos. Blew ddim yn tyfu 'nôl yn fwy trwchus. Gallu gwneud dy hun. Gweddol rad. Rhai'n addas ar gyfer croen sensitif.
Anfanteision: Drewi! Gorfod eistedd yn llonydd am bron i 10 munud.
Rhybudd: Dylid gwneud arbrawf ar ddarn bach o groen cyn defnyddio hufen rhag ofn bod alergedd i'r cynhwysion.

Gwynnu
Ble? Gwefus. Gên. Ael. Breichiau. Gwallt y pen!
Pwy? Merched gan amlaf
Manteision: Ddim yn gwaredu'r blew – felly ddim yn tyfu'n fwy trwchus.

Gallu gwneud dy hun. Hawdd. Effeithiol. Para'n weddol hir.
Anfanteision: Gallu llosgi. Llanast. Cymryd peth amser. Edrych fel twpsyn wrth aros iddo weithio!
Rhybudd: Dylid defnyddio cynnyrch arbenigol yn unig! Dylid gwneud arbrawf ar ddarn bach o groen cyn defnyddio rhag ofn bod alergedd / ymateb gwael.

Triniaeth laser (opsiwn y selebs!)
Ble? Coesau. Breichiau. Ceseiliau. Llinell bicini. Wyneb. Pobman!
Pwy? Merched yn fwy tueddol o'i ddefnyddio na bechgyn, ond dim un rheswm am hynny!
Manteision: Effaith parhaol.
Anfanteision: Drud – drud iawn! Gorfod bod dros 18. Ychydig yn boenus. Ddim ar gael yn eang. Angen nifer o sesiynau.

Ffeil o ffaith

- Os am ddeiet cytbwys, dewisa amrywiaeth o fwydydd o'r grwpiau canlynol:
  i) cynnyrch llaeth – llaeth, iogwrt, caws
  ii) ffa, lentils, cig, pysgod, wyau, cnau, cynnyrch soya
  iii) bara, reis, pasta, nŵdls, grawnfwydydd brecwast a thatws
  iv) digonedd o ffrwythau a llysiau

- Dylid anelu at gael yr holl fitaminau a mwynau sydd eu hangen ar y corff drwy fwydydd

- Mae cymaint ag 1 ym mhob 15 arddegyn yng Nghymru dros eu pwysau

- Mae arbenigwyr yn argymell o leia tair sesiwn hanner awr o ymarfer corff yn wythnosol

- Dylid dewis o leiaf 5 math o ffrwythau neu lysiau bob dydd – dewiswch amrywiaeth o'r ddau

- Ar gyfartaledd mae plant a phobl ifanc yn treulio cymaint â 4 awr a hanner bob dydd o flaen sgrin – teledu neu gyfrifiadur

cariad

Cariad

Cyfuniad perffaith o bleser a phoen. Treulio oes yn chwilio am yr un cariad perffaith, yna 'Hwrê!' a naid o lawenydd cyn sylweddoli *hang on*, 'so pethau cweit mor berffaith ag y dylen nhw fod …

Mae pob perthynas yn unigryw, a sawl math gwahanol o gariad, ond boed yn berthynas rhwng merch a bachgen, bachgen a merch, merch a merch neu fachgen a bachgen, mae 'na broblemau cyffredin ac mae yna ffordd trwy'r dryswch i gyd …

Pwy ydw i'n ffansïo?

Wyt ti wastad yn ffansïo'r un person ma' pawb arall yn eu ffansïo? Wyt ti wastad yn ffansïo'r un teip o berson? Neu wyt ti'n gallu ffansïo dau berson hollol wahanol i'w gilydd ar yr union yr un pryd?! Ydy pawb yn gweld yr un mathau o bethau'n ddeniadol? Oes rhywun mas 'na i bawb tybed?

'Wy'n rîli lico merched gonest. Sy'n gweud beth ma' nhw'n feddwl, ac nid rhyw esgus a giglo a newid eu meddwl o hyd! S'dim byd gwa'th. O! A sai'n lico gwallt coch! Sai'n ffysi fel arall!'
Phil, 14 oed

'Wy ddim yn gwbod yn gwmws be wy'n ffansïo nes bo fi'n ei weld e. Ond mae'n gorfod gneud fi wherthin, wedyn mae personoliaeth yn bwysig siŵr o fod.'
Elin, 14 oed

'Tall, dark, & handsome … Bob tro!'
Laurie, 14 oed

'Bronnau mawr, pen-ôl crwn, wyneb pert, gwallt hir.'
Hefin, 16 oed

'Genod hyderus sy'n licio nhw'u hunain.'
Brychan, 14 oed

'Dwi'n licio hogia efo llygaid del.'
Alaw, 13 oed

'S'dim ots 'da fi shwt foi yw e ar y dechre, dim ond bo corff smart 'da fe!'
Charlie, 15 oed

'Dwi'n casáu genod sy'm yn medru bod heb ei ffrindiau am eiliad. Dwi isio medru dod i'w nabod nhw fy hun.'
Siôn, 15 oed

'Dwi'n licio hogia clên, sensitif, rhai fedri di fod yn ffrindia hefo nhw yn ogystal â bod yn gariad.'
Kate, 15 oed

'Ella ei fod o'n cliché, ond dwi'n licio genod gwallt golau hefo coesa hir tena.'
Ben, 16 oed

10 arwydd bod rhywun yn dy ffansïo di

Oes modd dweud, heb orfod gofyn y cwestiwn? Heb orfod gofyn i ffrind fynd i wneud gwaith ditectif? Hefyd, pan wyt ti'n bod ar dy fwya cyfrwys, pan wyt ti'n trio cadw'r peth yn gyfrinach, ydy e'n berffaith amlwg dy fod ti'n ffansïo'r person yna? Mor amlwg fel y bydde boi dall yn gallu gweld hynny? Nid pawb sy'n arddangos yr arwyddion isod. Mae rhai'n dangos pob un ohonynt, a rhai'n ddigon cyfrwys i beidio â dangos dim un ... ond os sylwi di ar un arwydd neu fwy, fe elli fod yn weddol falch ohonot ti dy hun, oes, hwrê ... mae rhywun yn meddwl dy fod ti'n gorjys!!!

1. Syllu
Os wyt ti'n syllu ar rhywun, neu'n sylwi bod rywun yn syllu arnot ti, yn aml heb sylweddoli hynny, mae'n arwydd ... !

2. Cochi
Ocê, fe fydd person swil tu hwnt yn cochi heb dy ffansïo di, ac un neu ddau yn cochi am fod gen ti ddarn o fresych yn styc yn dy ddannedd di, ond os sylwi di fod rhywun yn cochi bob tro rwyt ti'n gwenu, yn codi llaw neu'n eu cyfarch nhw ... ffaelu godde dy gorjysusrwydd di ma' nhw, siŵr o fod!

3. Chwerthin
Na, nage torri bol yn chwerthin fel 'se rhywun newydd rechu'n gyhoeddus, ond giglo nerfus. Mae merched yn waeth na bechgyn am wneud hyn, neu yn fwy amlwg o leia. Gwylia am fechgyn sy'n gwenu'n ddi-baid yn hytrach na giglo falle.

4. Chwibannu / Cymeradwyo ayb
Nage'r person ei hun wrth gwrs, ond y criw ffrindiau. Os wyt ti'n sylwi ar chwiban isel, neu ar lot o sylwadau bach, cymeradwyo, *nudges* ac ati gan griw ffrindiau pan wyt ti'n pasio ... cofia bod ffrindiau'n gwybod y cyfrinachau fel arfer, ond dy'n nhw ddim wastad yn dda am

eu cadw nhw!

5. Tawelwch

Os oes tawelwch lletchwith wrth i ti basio, neu rhywun yn ymddangos fel nad ydyn nhw'n gallu siarad, yn gallu meddwl beth i'w ddweud nesaf, mae'n eitha tebygol eu bod yn fwy na hoff ohonot ti.

6. Cyffyrddiadau

Os wyt ti'n ffansïo rhywun, rwyt ti am fod yn agos atyn nhw, wedyn mae cyffyrddiadau bach, cyffwrdd braich, neu gosod llaw ar dy ysgwydd, pethe bach felly, yn gallu bod yn arwydd o ffansïo.

7. Dal Llygad

Sylwi bo ti'n edrych lan, a 'na le mae rhywun yn edrych arnot ti? Ti'n dal eu llygaid nhw, wedyn ma' nhw'n edrych bant yn gloi, yn esgus nad oedden nhw'n edrych o gwbl yn y lle cyntaf. FFANSÏO! Bendant!

8. Gwenu

Mae gwên lydan a diffuant, fel cyfarchiad neu arwydd o gefnogaeth, yn sicr yn arwydd bod rhywun yn meddwl y byd ohonot ti. Ond os yw'r wên yna'n dod yn annisgwyl gan rywun annisgwyl, mae siawns weddol uchel eu bod nhw moyn dangos mwy na'u diffuantrwydd i ti!

9. Siarad yn uchel

Wyt ti'n sylwi bod llais un person yn arbennig i'w glywed dros ben y lleill? Neu felly mae'n ymddangos pan wyt ti o gwmpas o leia? Falle bod rhywun am i ti sylwi arnyn nhw yn hytrach nag ar unrhyw un arall, moyn i ti weld mor ddiddorol ac unigryw ydyn nhw!

10. Bod yn gas

Peth od i'w ddweud falle, ond ma pobl sy'n pigo ar bobl (ond nid i'r graddau o fwlio), yn cellwair, bod yn chwareus, trio ymladd ac ati, moyn sylw gan rhywun ... tynnu gwallt ar iard yr ysgol gynradd ... yr un yw'r theori ... ond so fe'n gyfnod ma' pobl yn tyfu mas ohono fe'n anffodus!

Siarad

Mae ffansïo'n hawdd. Y peth anoddaf wrth geisio dechrau perthynas o unrhyw fath, siŵr o fod, yw siarad. Ble mae dechrau? Beth i'w ddweud? Sut mae peidio gwneud ffŵl llwyr ohonot ti dy hun yn y broses? Moyn cwpwl o awgrymiadau?

Deg ffordd o agor sgwrs (gweithio i ferched ac i fechgyn!)

1. Taro i mewn i rywun ar goridor yr ysgol, gorfod ymddiheuro, dechrau sgwrs ...
2. Helo!
3. Gwenu.
4. Shwd wyt ti?
5. Nagyn ni wedi siarad o'r blaen ydyn ni ... ?
6. Haia! ... ENW ... ydw i ...
7. Aros funed! Haia! Sori, ond fi 'di blino jyst gweud helo ...
8. Ife ti pia'r câs pensil / waled / bag / siwmper / ffôn ... yma?
9. Haia! Ti'n y ... band / tîm rygbi / pêl-rwyd / côr ... nagwyt ti? Pryd chi'n whare nesa ... licen i ddod i'ch gweld chi ...
10. Esgusoda fi! Ti'n gallu'n helpu i? Ma' 'da fi neges i Siwan ... Chi'n ffrindie nagych chi ... ?

Cofia wenu, cadwa dy gŵl ac edrych i fyw llygaid y person arall. Paid â gorfodi'r sgwrs i bara'n hirach nag sydd rhaid!

Dehongli iaith y corff

Bechgyn a merched
Mae cyffwrdd dy wallt tra'n siarad â rhywun yn arwydd dy fod yn ei ffansïo.

Mae edrych i fyw llygaid rhywun yn creu cysylltiad yn syth. Mae hefyd yn arwydd o hunanhyder. Mae'n anodd iawn i'r llygaid guddio gwir deimladau, felly o edrych yn syth iddyn nhw, fe gei di gryn dipyn o wybodaeth. Mae'r anallu i edrych i fyw llygaid rhywun yn arwydd o euogrwydd. Os yw dy lygaid di'n edrych heibio i rywun / dros ei ysgwydd, ti'n dangos nad oes gen ti ddiddordeb yn yr hyn maent yn ei ddweud, ac mae'n arwydd o'r awydd i ddianc!

Mae codi dy aeliau wrth siarad â rhywun yn arwydd dy fod ti'n hoffi'r hyn rwyt ti'n ei weld.

Os wyt ti'n edrych ar wefusau rhywun tra'n sgwrsio â nhw, ti'n awgrymu dy fod ti am gusanu'r person yna.

Mae gwên lle cedwir y gwefusau'n dynn yn wên gwrtais, swil neu hunan ymwybodol, e.e. trio cuddio dannedd cam / *braces*.

Y ffordd i adnabod gwên ddiffuant yw drwy edrych o gwmpas y llygaid. Os oes crychu o'u hamgylch – dyna'r un!

Os wyt ti'n dal dy ben yn isel, neu'n dal dy ben i'r ochr, yn pwyso ar un ysgwydd, ti'n dangos swildod, ond mae dal dy ben i'r ochr tra'n cyfeirio dy lygaid lan at rhywun yn arwydd dy fod yn ei ffansïo.

Mae dal dy hun gyda dy gefn yn syth, dy fol i mewn a'r frest allan yn ymdrech i geisio creu argraff dda, ac yn arwydd dy fod yn trio dangos dy hun ar dy orau.

Mae cyffwrdd â'r frest / ardal y galon wrth siarad yn arwydd o onestrwydd.

Os oes gwir ddiddordeb gan rywun ynot ti fe fydd iaith eu corff nhw'n dechrau adlewyrchu iaith dy gorff di. Mae'n arwydd o ddymuniad i greu undod rhyngoch chi. Ydy wir!

Bechgyn
Os yw dy ysgwyddau a'th frest yn pwyntio tuag at rhywun, mae'n arwydd bod gen ti ddiddordeb ynddyn nhw.

Mae pwyso ymlaen tuag at rywun yn arwydd arall bod gen ti ddiddordeb ynddyn nhw.

Mae dal dy ddwylo lan gyda'r cledrau'n agored a'r bysedd yn pwyntio tuag at rhywun yn arwydd o'th onestrwydd.

Mae dal cledrau'r dwylo yn dynn ar gau neu guddio'r dwylo yn dy bocedi wrth siarad yn arwydd nad oes gen ti unrhyw fath o ddiddordeb yn y person, na'r sgwrs!

Os wyt ti'n sefyll gyda dy goesau ar led, rwyt ti'n ceisio profi faint o ddyn wyt ti. Meddylia 'bytu fe ...

Merched
Drwy sefyll â chynnal dy bwysau ar un glun, rwyt ti'n dangos diddordeb rhywiol.

Os wyt ti'n sefyll gydag un droed o flaen y llall, a'r droed flaenaf yn pwyntio tuag at person, rwyt ti'n ceisio agosáu at y person yna.

Mae pigo blew / fflwcs oddi ar ddillad rhywun yn profi dy fod yn poeni amdanynt, ac am ofalu amdanynt. Yr un peth yn wir am roi trefn ar dei rhywun neu dwtio label sy'n stico mas. Mae hefyd yn arwydd o deimlad o berchnogaeth ac yn rhybudd i eraill i gadw draw!

Mae cyffyrddiadau bach 'damweiniol' megis brwsho heibio i rywun yn ymgais i greu sbarc!

Dêt

Hwrê! Un ai ti 'di bod yn ddigon lwcus i gael dy wahodd ar ddêt, neu ti 'di bod yn ddigon dewr i wahodd rhywun arall mas ac ma' nhw wedi cytuno, gobeithio! Ond beth nawr? Beth newch chi? Lle ewch chi? Mae angen i ti asesu dy sefyllfa'n ofalus cyn penderfynu.

Felly – yn gyntaf – cwpwl o gwestiynau i ti ...

1. **Wyt ti'n teimlo'n gyfforddus ar ben dy hun gyda'r person yma?** Os na, gwna'n siŵr dy fod ti'n trefnu mynd i rywle cyhoeddus neu trefna eich bod chi'n mynd yn griw i rywle gyda ffrindiau eraill.

2. **Sut un wyt ti am sgwrsio?** Meddylia am destunau trafod ymlaen llaw.

3. **Faint o arian sy 'da ti?** Mae'r math o ddêt wyt ti'n ei ddewis yn dibynnu ar hynny weithiau.

4. **Be wyt ti moyn mas o'r dêt yma?** Ie, wir – mae'n swnio'n od – ond mae dewis pa fath o ddêt wyt ti moyn yn dibynnu ar hyd at ble mae eich perthynas wedi datblygu. Os taw ffrind sy wedi gofyn iddo fe / hi fynd mas da ti, falle nad wyt ti hyd yn oed wedi siarad ag e / hi eto. Ystyria ymlaen llaw – falle dy fod ti'n awyddus jyst i siarad, i ddal dwylo falle os yw pethau'n mynd yn dda – neu falle fod y berthynas wedi datblygu llawer ymhellach na hynny?!

10 awgrym am ddêt lwyddiannus

Dechrau perthynas
1. Meddylia am ddêt sy'n cynnig tir cyffredin – rhywbeth y gallwch chi drafod wedyn – e.e. ffilm / rhaglen deledu / cerddoriaeth / gwers hyd yn oed!
2. Ceisia sicrhau fod gennyt ti ffrind wrth law – rhag ofn bod angen i ti ddianc!
3. Mae mynd allan mewn criw yn gallu helpu i osgoi lletchwithdod ar y dechrau

Wedi bod yn mynd mas da'ch gilydd ers sbel / nabod eich gilydd fel ffrindiau cyn hyn?
4. Gwna ymdrech i edrych yn gorjys a rhoi cyfle i dy ddêt dy weld mewn ffordd wahanol!
5. Paid â mynnu dy ffordd dy hun o hyd
6. Cofia dreulio amser gyda phobl eraill i gadw pethau'n ffres!
7. Meddylia am wneud gweithgareddau sy'n hwyl!

Dêt poeth!
8. Trefna'n fanwl
9. Beth am gyfnewid anrhegion dwl / rhamantus?
10. Gwna yn siŵr y cewch chi gyfle i fod ar eich pen eich hun a chael bach o lonydd!

Cofia:

- **Ar unrhyw ddêt, waeth pa mor breifat, dylet ti roi gwybod i o leia un person arall lle wyt ti a gyda phwy, jyst i fod yn saff!**

Y gusan gyntaf

Mmm. Neis. Deg awgrym i sicrhau llwyddiant ...
1. Rhaid gwneud yn siŵr eich bod chi'ch dau yn barod i wneud.
2. Rhaid gwneud yn hollol siŵr bod dim peryg y gall rhywun dorri ar eich traws.
3. Brwsia dy ddannedd os oes cyfle. Mae selsig a chips rhywun arall yn blasu'n afiach! Os yn bosib, paid â bwyta garlleg, winwns na chiper am ddeuddydd cyn y foment fawr!
4. Os nad oes cyfle i frwsio dannedd, tria gael gafael ar fintys neu gwm cnoi (gan osgoi athrawon wrth gwrs).
5. Paid â brysio.
6. Canolbwyntia – pa ffordd mae ei ben e / hi yn mynd – a chofia fynd i'r cyfeiriad arall!
7. Bydd yn dyner. Mae clecio dannedd / cnoi tafod yn brifo!
8. Anadla trwy dy drwyn. Mae peryg y byddi'n troi'n las fel arall, ac mae cusan bywyd yn fath gwahanol iawn o gusan!
9. Lle i roi dy ddwylo – o gwmpas y gwddwg, neu o gwmpas y wast yw'r llefydd gorau ar y dechrau fel hyn. Ma' digon 'da ti feddwl 'bytu am nawr!
10. Joia!

'Mewn parti yn nhŷ ffrind ges i fy nghusan gynta. Snog 'lly 'de. Doedd gen i ddim syniad be i'w wneud ond unwaith i ni gychwyn arni, mi oedd yn reit hawdd. Mi weithis i o allan wrth fynd mlaen, ac mae o'n gwbl naturiol erbyn hyn!'
Andrea, 13 oed

'Mi oedd yr hogan ges i'n snog gynta i efo fatha sucker fish. Dwi'n meddwl iddi glampio'i cheg o gwmpas fy un i ac aros felly drw'r adeg. Doedd gin i i'm awydd cusanu neb llawar wedi hynny, ond mi oedd yn well y tro wedyn. Oedd yr hogan nesa'n gwbod be oedd hi'n neud, doedd ei thafod hi ddim

fatha peiriant golchi chwaith, a ges i eitha blas arni, os 'dach chi'n dallt!'
Siôn, 14 oed

'Wedodd fy chwaer wrtha i ymarfer ar domato, achos bod yr ansawdd yn feddal fel ceg boi! Nes i ddim, ond nes i drio snogo clustog fi yn y gwely cwpwl o weithie i gael practis bach! So dim byd yn rîli gallu helpu ti ymlaen llaw, oni bai ti'n gallu ffeindio inanimate object sy'n snogo ti 'nôl!'
Laurie, 14 oed

Sengl o hyd...?

Mae gan bawb arall ar wyneb daear gariad heblaw ti! A dyw e jyst ddim yn deg! Oes rhywbeth yn bod arnat ti? Fyddi di'n sengl am byth?!

10 uchaf – chwilio am gariad

1. Bydd yn hyderus
2. Gwena
3. Paid ag edrych yn despret!
4. Cer mas i lefydd newydd ac i gwrdd â phobl newydd
5. Paid â gosod dy fryd ar rywun rhy smart / rhy hyll! *'Way out of your league!'*
6. Gofyn i dy ffrindiau gyflwyno ti i'w ffrindiau / ffrindiau eu cariadon
7. Dechreua sgwrs gyda phobl na fyddet ti fel arfer yn siarad â nhw!
8. Edrycha ar bobl mewn ffordd wahanol – pwy sy'n gwneud i ti chwerthin? Neu wneud i ti deimlo'n arbennig?
9. Paid â chanolbwyntio ar y peth, na chwilio'n rhy galed – cofia 'fe fydd y trên bob amser yn hir wrth ddisgwyl!'
10. Arbrofa – mae'n annhebygol iawn y doi di o hyd i'r un y tro cyntaf ... ond fe gei di lot o hwyl yn chwilio!

''Di o'r ots gen i fod yn sengl os ydi'n ffrindia i i gyd yn sengl hefyd. Ond os oes gynnyn nhw gariadon i gyd a finna ddim, dwi'n ei gasáu o. Teimlo fatha ffrîc go iawn!'
Alaw, 13 oed

'Well 'da fi fod yn sengl, sai'n teimlo fel weirdo o gwbl. Yn enwedig gan nag ydw i'n ffansïo unrhyw un. 'Se fe ddim yn neud sens i fi beidio bod yn sengl rîli bydde fe?'
Elin, 13 oed

'Os dwi'n sengl, dwi isio cariad, ac yn aml os oes gen i gariad dwi isio bod yn sengl! Typical 'de?'
Brychan, 14 oed

'Dwi'n sengl o hyd. Ond 'di o'm yn beth gwael dwi'm yn meddwl. Gin i lwyth o ffrindia sy'n genod, wedyn dwi fatha bod gen i lwyth o gariadon tydw?! Wel, tydw i ddim wrth gwrs, ond dyna sut mae'n edrach i bobl eraill 'de?'
Siôn, 14 oed

'Garantîd bod loads mwy o fechgyn ffit yn troi lan os ti'n dechrau gweld rhywun. Pwy sydd eisiau bod mewn perthynas?!'
Charlie, 15 oed

'Dwi'n hapusach mewn perthynas, ond dim ond os 'di o efo rhywun dwi'n licio.'
Kate, 15 oed

''Dio'r ots gin i be ma' bobl yn ddeud, os does gin ti'm cariad ma' bobl yn sbio arnat ti fatha bo gin ti gyrn.'
Ben, 16 oed

Gorffen

Oni bai dy fod ti'n ddigon lwcus i ffeindio'r 'un' y tro cyntaf, mae'n eitha tebygol y bydd yn rhaid i ti orffen perthynas rhyw ben, neu'n waeth fyth cael dy ddympio. Mae'n anodd gwneud, ac yn anos fyth clywed, ond fe fydd am y gorau yn y pen draw, ac fe fydd dy ffrindiau'n deall ...

'Mi odd 'y nghyn-gariad i a finna 'di bod yn ffraeo dipyn am 'chydig wsnosa. Doedd ots be 'swn i'n neud na'n ddeud, ffrae fasa fo bob tro! Mi aeth yn arferiad am wn i. Do'n i'm isio ffonio fo a ballu, ofn y basa ffrae arall yn codi, a wedyn doeddan ni ddim yn siarad o gwbl o ganlyniad i hynny! Yn y pen draw roeddan ni'n anwybyddu'n gilydd yn yr ysgol hyd yn oed!

Es i ato fo un p'nawn a deud, "Yli mae hyn yn hurt, does 'na'm pwynt i ni fod efo'n gilydd nacoes?" ac mi wenodd ynta a cherddad o'na. A dyna fo. Mi o'n i 'di ddympio fo! Mi o'n i'n gandryll efo fo. Ddaru o ddim deud gair, jyst derbyn, dim brwydro, dim isio fi 'nôl, dim, ac mi oedd hynny'n brifo. Nes i'm dangos iddo fo, ond mi es i adra a beichio crio.

Dwi'n meddwl ei fod o isio dympio fi a deud y gwir, ond doedd o ddim yn gwbod sut oedd gneud, felly mi na'th o fy anwybyddu i fel mod i'n cael fy ngorfodi i 'neud iddo fo. Cachgi 'de?'
Kate, 15 oed

'Sai'n deall beth yw'r holl ffys 'bytu dympo pobl. Ma' dympo rhywun lot llai creulon na cario mla'n i fynd mas 'da rhywun so ti'n lico nagyw e? Wy jyst yn rîli onest 'da nhw. Jyst gweud sori, so fe'n gwitho, wy'n credu well i ni gwpla. Rhwydd. Parch yw e ife? Ti obviously wedi lico nhw ar un adeg felly jyst gweud wrthyn nhw, ar ben ei hunan, dim o fla'n pawb. Wy'n credu'n gryf dylet ti drin pobl fel licet ti ga'l dy drin. A licen i' se bachan yn onest 'da fi. Ma' rhaid fi weud 'fyd, ma' pob bachan wy 'di cwpla 'da fe fel'na dal yn ffrind nawr. Dim ar y dechre falle, ond yn y diwedd ni dal yn ffrindie, ni jyst ddim byd mwy na 'na. S'dim gobeth bod fel'na os ti'n trin bachan fel hen wrach o's e?!'
Elin, 14 oed

'Ffindes i mas bod 'y nghariad i 'di bod yn anffyddlon i fi, a nage jyst unweth chwaith. O'n i mor pissed off.

O'n i ddim am ei gweld hi, felly hales i tecst ati'n gweud wrthi lle i fynd. Yn gweud wrthi bo fi'n gwbod. Hwnna yw un o'r pethe gwaetha ti'n gallu 'neud i berson arall fi'n credu – bod yn anffyddlon hynny yw. Mae e'n deimlad horrible, fel se pawb arall yn gwbod rhywbeth ti ddim. Ti'n teimlo mor grac, fel se ti 'di cael dy iwso. Sa i 'rioed 'di bod yn anffyddlon i neb. Eniwe o'dd y ferch 'ma moyn cwrdd i drafod, ac fe gytunes i. Es i gwrdd â hi am goffi, a dechreuodd hi lefen ac ymddiheuro, mynd mla'n a mla'n 'bytu pwy mor sori o'dd hi. Fi o'dd yn edrych fel twat, a hi o'dd 'di bod 'da bois eraill! Wy'n casáu merched sy'n crio fel 'na. Mae'n rîli anheg! S'dim ffordd o'u stopo nhw. Ag o'dd dim rheswm 'da hi i lefen yn y lle cynta! Nes i ddim ei chymryd hi nôl a sa i 'di siarad â hi ers 'nny!'
Hefin, 16 oed

Dympio

Fel gwaith cartref, weithiau mae e jyst yn un o'r pethau 'na ti'n gorfod neud! Ond sut mae cael gwared ar dy gariad yn effeithiol? Mae cymaint o wahanol ffyrdd ...

Techneg: Wyneb yn wyneb
Manteision: Personol. Gonest. Parchus. Nobl.
Anfanteision: *Embarrassing*. Lletchwith. Poenus. Anodd dianc.

Techneg: Ar y ffôn
Manteision: Dal yn sgwrs. Dal yn bersonol. Ddim yn gorfod gweld. Gallu rhoi'r ffôn lawr.
Anfanteision: Llwfr. Methu dehongli ymateb.

Techneg: Tecst
Manteision: Ddim yn gorfod siarad. Gorfod dweud yn syml mewn ychydig eiriau.
Anfanteision: Llwfr. Creulon. Digon o ffyrdd iddynt ymateb.

Techneg: Ebost
Manteision: Gallu egluro'n iawn. Amser i feddwl. Haws na chyfaddefiad ar lafar.
Anfanteision: Methu dweud yn union pryd mae e wedi ei dderbyn / darllen. Hawdd llwytho i'r we er mwyn i'r byd gael gweld.

Techneg: Llythyr
Manteision: Personol. Haws na wyneb yn wyneb. Amser i feddwl a dweud yn union beth rwyt ti eisiau.
Anfanteision: Tystiolaeth yn para am byth.

Techneg:	Ffrind yn rhoi neges
Manteision:	Ddim yn gorfod wynebu e / hi dy hun.
Anfanteision:	Dim rheolaeth dros yr hyn a ddywedir. Llwfr.

Techneg :	Anwybyddu
Manteision :	Ddim yn gorfod dweud dim. Y person arall yn cael llond bol ac yn dy ddympio di!
Anfanteision:	Person arall ddim wastad yn sylweddoli. Creulon. Llwfr. Gallu cymryd amser hir.

Techneg :	Bod yn gas
Manteision :	Hwyl. Gallu dweud popeth yr oeddet ti am ei ddweud neu edliw hynny mewn dadl.
Anfanteision:	Amlwg. Cyhoeddus. Creulon. Gallu cymryd amser hir.

Techneg :	Cyhoeddiad (Radio / Cylchgrawn)
Manteision :	Rhywun arall yn gwneud drosot ti.
Anfanteision:	Pawb yn gwybod. Dim rheolaeth dros yr hyn a ddywedir. Creulon. Llwfr.

Techneg :	Dechrau si
Manteision :	Pawb arall yn dod i wybod, ac erbyn iddyn nhw ofyn, ti 'di dod i arfer â'r syniad.
Anfanteision:	Hawdd gwadu. Gallu arwain at y sgwrs roeddet ti'n ceisio ei hosgoi yn y lle cyntaf!

A'r cyngor sy gen i i'w gynnig fan hyn? Dau beth pwysig – ceisia wneud dy orau i orffen perthynas yn y modd y byddet ti'n gobeithio fyddai rhywun arall yn ei wneud i ti, a phaid byth â pharhau mewn perthynas os nad wyt ti'n mwynhau'r berthynas honno.

10 uchaf esgusodion cyfleus!

1. Fi yw e, nage ti.
2. Ni moyn pethe gwahanol.
3. Ni 'di tyfu ar wahân.
4. Wy'n ffansïo dy ffrind di fwy.
5. Ti'n crap am gusanu!
6. Ti'n mynd ar fy nerfau i.
7. Wy ofn stalkers.
8. Wy moyn rhywun pertach / mwy cyfoethog.
9. Wy angen amser i fi'n hunan.
10. Ni'n rhy ifanc i setlo lawr!

Symud ymlaen...

Wedi gwneud y penderfyniad i ddod â pherthynas i ben, beth nesa? Aros yn ffrindiau neu beidio? Cynghorion gan gyfoedion fan hyn.

Rydw i wedi bod yn mynd mas gyda fy nghariad i, Elis, ers blwyddyn. Rydw i'n meddwl y byd ohono fe, ond sa i mewn cariad gyda fe, a gweud y gwir sai'n siŵr os bues i erioed.
   Y broblem yw taw fe yw'n ffrind gorau i yn y byd i gyd. Wy'n gweud popeth wrtho fe, a rili'n parchu ei gyngor e. Sai'n trysto neb arall gyment â wy'n ei drysto fe.
   Sa i moyn ei frifo fe, ond sa i chwaith moyn ei golli e fel ffrind. Shwt alla' i neud yn siŵr bo ni'n para i fod yn ffrindiau unwaith i fi gwpla dag e, neu odi 'na'n gwbl amhosib ... ?

'Fedri di ddim bod yn siŵr o hynny. Fydd rhaid chdi gymryd y risg.'
Siôn, 14 oed

'Bydd yn garedig efo fo. Eglura fel nes di'n fama … er, paid â deud nad oeddet ti mewn cariad efo fo, ond duda'r gweddill.'
Kate, 15 oed

'Bydd yn onest gyda fe.'
Elin, 13 oed

'Os yw e dal i dy lico di, fydd e'n rîli anodd iddo fe, ond fydd yn well 'da fe fod yn ffrind i ti na peidio dy weld ti o gwbl siŵr o fod.'
Phil, 13 oed

'Mi fydd o'n rhyfadd i gychwyn, ond os 'da chi'ch dau'n benderfynol mi neith o weithio.'
Ben, 16 oed

'Mi fydd yn rhaid i betha newid rhywfaint neu fydd pawb yn dal i feddwl bo chi efo'ch gilydd. Fedrwch chi ddim bod mor agos ag ydach chi rŵan.'
Brychan, 14 oed

10 arwydd dy fod ti'n torri dy galon
1. Methu stopio crio
2. Methu canolbwyntio
3. Ddim yn cysgu
4. Ddim yn bwyta
5. Ddim yn chwerthin ar jôcs dy ffrindiau
6. Methu meddwl am unrhyw beth heblaw'r cyn-gariad
7. Popeth yn dy atgoffa di o'r cyn-gariad
8. Dychmygu sgwrs / sefyllfa gyda'r cyn-gariad yn fanwl
9. Moyn eu lladd nhw un eiliad a rhoi cwtsh iddyn nhw'r eiliad nesaf
10. Gwrando ar eich cân chi, neu wylio eich ffilm chi drosodd a throsodd!

Crysh

Ti newydd weld y person ti'n ffansïo yn hollol annisgwyl. Ti wedi dy lorio'n llwyr! Mae curiad dy galon di'n cynyddu, ti'n cochi, yn chwysu, ddim yn gwybod lle i edrych ac yn colli pob rheolaeth dros dy allu i gyfathrebu. Ai dyma beth yw cariad? Neu ife crysh yw e? Beth yw'r gwahaniaeth … ?

10 peth dylet ti wybod am crysh

1. Crysh yw'r teimlad cryf yna o gael dy ddenu at rywun yn gorfforol.
2. Mae'n ymateb naturiol, cemegol at berson sy'n atyniadol i ti, a weithiau dim ond i ti!
3. Mae modd cael crysh ar berson gwbl ddieithr, rhywun nad wyt ti erioed wedi yngan gair â nhw, rhywun na fyddi di byth yn yngan gair â nhw − selebs er enghraifft.
4. Fe all crysh weithiau ddatblygu'n gariad, ond mae bod mewn cariad yn fwy nag atyniad corfforol. Pan wyt ti mewn cariad mae cysylltiad rhyngddoch chi ar bob lefel, a rwyt ti'n caru popeth amdanyn nhw − hyd yn oed y pethau sy'n mynd ar dy nerfau di!
5. Dyw crysh ddim o reidrwydd yn awydd i ddatblygu perthynas gyda'r un dan sylw, chwaith; mae sens yn dweud na fydde fe byth yn gweithio … ond s'dim drwg mewn edrych!
6. Mae dychymyg yn chwarae rhan bwysig mewn crysh. Gall fod yn ffantasi pur − ond fe fyddi'n gwenu wrth ddychmygu dy hun yng nghwmni dy hoff seren ffilm / chwaraeon / pop.
7. Nid yw crysh bob amser yn gwneud synnwyr − hyd yn oed i ti dy hunan!
8. Mae'n gallu bod yn boenus o *embarrassing*, yn enwedig os oes rhywun arall yn sylwi!
9. Mae modd i ti gael crysh ar berson o'r un rhyw â ti − ond nid yw hynny o angenrhaid yn golygu dy fod yn hoyw.
10. Mae crysh weithiau'n gallu teimlo fel obsesiwn − mae'r person ar dy feddwl di ddydd a nos − ond mae crysh hefyd yn gallu diflannu'n gyflym a heb unrhyw reswm penodol.

Pa rai o'r isod fyddai'n destun crysh derbyniol i ti a dy ffrindiau? Rhywbeth i chi drafod – tybed ydych chi'n gwbl gytun?!

Merch
Bachgen
Blwyddyn yn hŷn
Blwyddyn yn iau
Deng mlynedd yn hŷn
Seren ffilm / bop
Pum mlynedd yn iau
Chwaer / brawd dy ffrind gorau
Cariad dy ffrind
Rhiant dy ffrind
Ffrind i dy rieni
Gwleidydd
Athro / Athrawes
Cefnder / Cyfnither
Person sy'n gwarchod (*babysitter!*)
Bòs
Cydweithiwr
Ffrind agos

Ffeil-o-ffaith

- Yn ôl cyfraith gwlad, gall unrhyw un dros 16 oed briodi, neu ffurfio partneriaeth sifil (y term swyddogol ar gyfer 'priodas' hoyw)

- Serch hynny, rhaid i unrhyw un o dan 18 oed gael caniatâd ysgrifenedig rhiant neu warcheidwad

- Dim ond un gŵr / gwraig / partner sifil a ganiateir ar y tro yng Nghymru – ond fe newidiwyd cyfraith gwlad yr Iorddonen yn ddiweddar – caniateir i ddynion briodi uchafswm o bedair gwraig ar y tro!

- Diffiniad y geiriadur o 'cariad' yw 'serch, hoffter, anwyldeb'. Dyna fe?!

- Yn ôl gwyddonwyr, mae'n amhosib cytuno ar un diffiniad o 'gariad' oherwydd
  1. Mae profiad pob unigolyn o gariad yn unigryw
  2. Mae'n newid ac yn amrywio o hyd
  3. Gall 'cariad' a 'charu' olygu sawl peth – er enghraifft
     a)   Rydw i'n caru siocled
     b)   Rydw i'n caru Mam
     c)   Rydw i'n dy garu di
     ch)   Rydw i'n caru pêl-droed

- 'Cariad' = Aw! SYRTHIO mewn cariad, mae cariad yn brifo; poenau cariad – wedyn pam y'n ni'n trafferthu?!

- Mae modd caru rhywun heb ei hoffi! Oes unrhyw ryfedd bod y cyfan yn gymaint o ddryswch?

- Mae gwyddonwyr wedi profi bod y newidiadau cemegol yn yr ymennydd pan fo rhywun mewn cariad gyfystyr â chymryd cyffur megis amffetamin!

- Mae bod mewn cariad yn llesol i'n iechyd corfforol

- Paid â phoeni os nad yw e wedi digwydd eto; fe ddaw, a phan ddaw e fe fyddi'n sicr yn gwybod 'nny!

rhyw a rhywioldeb

Rheolau aur rhyw

1. Gwna'n siŵr dy fod yn barod.
2. Gwna'n siŵr fod dy bartner di'n barod.
3. Gwna'n siŵr eich bod chi wedi trafod.
4. Gwna'n siŵr y byddwch yn gallu trafod wedi gwneud.
5. Gwna'n hollol siŵr taw dy benderfyniad di a neb arall yw hyn.
6. Gwna'n siŵr dy fod yn gyfforddus – ynot dy hun ac yn dy leoliad.
7. Gwna'n siŵr bod modd i ti ddweud 'Na' a stopio ar unrhyw adeg os wyt ti'n dymuno.
8. Mae'n hollol iawn i ti newid dy feddwl – mae hawl 'da ti.
9. Cofia fod yna ganlyniadau i gael rhyw. Rhaid i ti ystyried os wyt ti'n ddigon aeddfed i ddelio â'r canlyniadau yn ogystal â'r weithred ei hun.
10. Bydd yn ofalus, bydd yn ddiogel, a joia!

Hoyw / deurywiol

Yr ystrydeb:

Dynion hoyw
1. Trin gwallt fel swydd
2. Yn emosiynol tu hwnt
3. Gwneud ymdrech anferthol gyda'u hymddangosiad, (dillad da, steil gwallt ffasiynol, lliw haul ayyb)
4. Defnyddio eu dwylo lot wrth siarad
5. Gor-ddramateiddio popeth
6. Hoffi cerddoriaeth bop – a dawnsio iddo fel peth gwyllt!
7. Wrth eu bodd yn clywed a lledu straeon a sïon
8. Yn ferchetaidd
9. Mynnu bod yn ganolbwynt sylw
10. Eu hoff liw yw pinc

Merched hoyw
1. Gwallt byr
2. Esgidiau trwm
3. Gwisgo dyngarîs
4. Yn fawr a chryf
5. Casáu dynion – taeru nad oes pwrpas iddynt
6. Ffyrnig
7. Gweithio fel bownsar
8. Yn flewog
9. Byr eu hamynedd
10. Hollol annibynnol. Gwrthod cynigion o gymorth (gan ddynion yn arbennig)

A'r gwir? Dyma i ti brofiad dau o fod yn hoyw neu'n ddeurywiol.

'Wy'n meddwl bo fi wastad wedi gwbod 'mod i'n hoyw. Sai'n camp na dim. Wy'n whare rygbi a chwbwl, a fi yw'r taclwr gore yn y tîm! Sai wedi gweud wrth neb lot, s'neb yn yr ysgol yn gwbod, er synnen i ddim 'sen nhw'n ame. Wy wedi gweud wrth fy nheulu i. Wedes i wrth fy whaer i'n gynta, wedyn wrth Mam a Dad. O'dd yn wha'r i yn iawn, ond sai'n credu bod Mam a Dad yn hapus iawn a gweud y gwir, er eu bod nhw'n gefnogol. Wy'n credu bo nhw'n dal i obeitho ddo' i gytre 'da cariad sy'n ferch un diwrnod.

Ma' cariad da fi – Eddie – ac mae Mam a Dad wedi cwrdd ag e, ond so nhw'n gwbod bo ni'n fwy na ffrindie – o leia sai wedi gweud 'ny wrthyn nhw. Ma' nhw'n lico fe, ond sai'n credu bydden nhw'n lico fe cweit gyment 'se nhw'n gwbod gystal y'n ni'n nabod ein gilydd!

Wy wedi snogo merched, a wy'n hollol fascinated 'da bronnau, ond wy jyst ddim yn eu ffansïo nhw fel odw i'n ffansïo bechgyn. Ma' lot o ffrindie 'da fi sy'n ferched, ond wedi dweud 'nny, dim mwy na sy 'da fi o fechgyn.

Weda i wrth fy ffrindie ysgol un diwrnod, ond ddim 'to. Nage bod cywilydd arna' i na dim, wy'n ddigon hapus, yn weddol hyderus gyda'r ffaith, ond wy ofan eu hymateb nhw. Galle un person ymateb yn wael a throi pawb arall yn fy erbyn i. So fe'n effeithio ar neb arall yw e? So fe'n ddim i

neud â nhw rîli. Ma' cwpwl o'r bois yn 'neud jôcs achos nagoes cariad 'da fi
– meddwl well i fi siapo'i i ffindo un glou neu fydd bobl yn dechre ame bo fi'n
hoyw a stwff fel 'na. So Eddie yn yr ysgol 'da fi, wedyn ma'n rhwydd cadw'r
ddou beth ar wahân ar hyn o bryd. A wy'n ddigon hapus 'da 'nny ... am
nawr.'
Wil, 16 oed

'Ma' pawb yn gwbod 'mod i'n ddeurywiol – bisexual 'de. Fy ffrindia i gyd, a
does diawl o ots gen i chwaith. 'Di Mam ddim yn gwbod, wel dwi'm 'di deud
wrthi, ond dwi'm yn deud petha felly wrthi byth. Dwi 'di snogio bechgyn a
merched, 'di cysgu efo'r ddau, a sgynna'i ddim ffafriaeth. Dwi'n hollol
agored am y peth os dwi'n cychwyn gweld rhywun. Os 'dio'n broblam iddyn
nhw, yna ddyliwn i ddim bod efo nhw i gychwyn, na ddyliwn?

Dwi'n meddwl medr person ddisgyn mewn cariad efo person arall
waeth hogan neu hogyn.

Mae'r hogia i gychwyn isio gweld fi'n snogio efo hogan arall a ballu o
hyd – ffantasi 'de? Os ydyn nhw'n fodlon gneud efo hogyn i mi yna mi wna i
efo hogan iddyn nhw! Mae o'n deg felly tydi?!

Dwi'm yn edrach fatha hogyn, dwi'm yn gwisgo fatha hogyn a 'dio
ddiawl o ots gin i be ma' bobl yn fy ngalw i. Dyke, lesbo – be bynnag. Dwi 'di
clywad nhw i gyd o'r blaen a dwi'n hapus hefo'r hyn ydw i. Dwi'n edrych ar
gylchgrona hoyw, a websites a ballu a dwi'n meddwl 'i fod o'n grêt fod pobl
hoyw yn gallu priodi rŵan. Pam lai 'de?

Ma' 'na rai sy'n meddwl mai phase 'di o gen i. Isio sylw a ryw rwtsh
felly, ond nid dyna ydi o. Ella wna i briodi a chael plant efo hogyn ryw
ddiwrnod, ac ella ddim. Dibynnu efo pwy dwi'n disgyn mewn cariad yn
diwedd yn dydi?'
Keira, 18 oed

Barod...?

10 cwestiwn i helpu ti i benderfynu ...

1. Wyt ti eisiau cael rhyw?
2. Wyt ti eisiau cael rhyw gydag un person yn benodol?
3. Ydy dy gariad yn teimlo yr un peth â ti?
4. Wyt ti'n hapus nad oes neb yn rhoi pwysau arnat ti i gael rhyw?
5. Wyt ti a dy gariad yn gallu trafod rhyw yn agored?
6. Wyt ti a dy gariad wedi trafod a phenderfynu ar ddulliau atal cenhedlu ac atal afiechydon rhyw?
7. Wyt ti'n ymddiried yn dy gariad di?
8. Wyt ti a dy gariad wedi cytuno y gallwch chi newid eich meddwl ar unrhyw adeg? Bod 'na' yn golygu 'na', 'paid' yn golygu 'paid' a 'stop' yn golygu 'stop'?
9. Ydych chi wedi trafod canlyniadau a goblygiadau corfforol ac emosiynol perthynas rywiol?
10. Wyt ti'n fodlon nad oes gen ti unrhyw gwestiynau neu amheuon ynghylch rhyw sydd heb eu hateb?

Ateba'n onest.

Fe ddylet ti allu ateb pob un o'r cwestiynau uchod gydag 'ydw', 'ydy' neu 'ydyn' cyn bod ti'n ystyried cael rhyw. Dim ond ti all fod yn siŵr o sut wyt ti'n teimlo, felly s'dim pwynt gweud celwydd o's e?!

Un cam ar y tro!

Os taw dim ond ddoe wnest ti a dy gariad ddal dwylo am y tro cyntaf, mae'n annhebygol eich bod chi'n barod i gael rhyw! Peidiwch â rhuthro – mae digon o bleserau eraill i'w profi ar hyd y ffordd ...

1. Cwtsho
2. Cusanu
3. Snogo
4. Massage
5. Teimlo
6. Mwytho
7. Dod i arfer â gweld / teimlo croen noeth
8. Cusanu pob rhan o gyrff eich gilydd
9. Hunanleddfu a lleddfu eich gilydd
10. Rhyw y geg

Mae llawer iawn mwy ohonynt ... byddwch yn greadigol, cymerwch eich amser ac fe gewch chi hwyl yn eu darganfod!!

Hunanleddfu

Ie, wancio, chwarae gyda dy hun, beth bynnag ti am ei alw fe – ydy e'n bwysig?

Ai dyma'r addysg rhyw orau gelli di gael? Dysgu dy hun beth rwyt ti'n ei hoffi, beth sy'n dy droi di ymlaen fel y gelli di ddweud wrth eraill pan ddaw'r amser? Neu ai rhywbeth brwnt, ffiaidd yw e? Rhywbeth na ddylid ei drafod? Rhywbeth hollol annaturiol? Bechgyn sydd wrthi fwya, neu bechgyn sy'n cyfaddef hynny o leia, ac yn ôl ystadegau fe fydd bechgyn yn dechrau hunanleddfu yn iau na merched. Ond mae ystadegau eraill yn awgrymu bod canran uchel o ferched yn methu â chyrraedd orgasm oni bai eu bod yn hunanleddfu. Pwy ddylen ni gredu?

'S'dim ots 'da fi beth ma' neb arall yn weud, ei di ddim yn ddall! A dylen i wbod, wy 'di bod wrthi ers blynydde!'
Dafydd, 16 oed

'Dries i unwaith, ond o'n i'n timlo fel rêl sledge.'
Haf, 15 oed

'Wy'n hunanleddfu rhwng 3 a 7 gwaith yr wythnos.'
Wil, 16 oed

'Mae'n naturiol tydi? Ffordd o ryddhau stress.'
Keira, 18 oed

'Sai erioed 'di trio a sai byth yn mynd i chwaith. Mae'n afiach. Pam fyddet ti moyn?'
Heidi, 16 oed

'Dwi 'di trio unwaith neu ddwy, ac mae'n deimlad braf, ond mae'n gneud llanast 'de!'
Hywel, 14 oed

'Nage job rhywun arall yw neud 'na i ti?'
Rhian, 14 oed

'Dwi'm yn meddwl fod o'n rhwbath ddylia pobl drafod. Mae o'n breifat dydi?'
Nigel, 17 oed

'Dwi'm yn meddwl ddylia bobl neud hynna. Dio'm yn dduwiol iawn nach'di?! A be 'sa bobl yn ddeud 'sa nhw'n ffeindio dy fod ti wrthi?'
Siriol, 14 oed

"Dio'r ots gin i be ma' bobl yn ddeud. Ma' pawb wrthi. Sbiwch arnyn nhw'n cochi os 'dach chi'n codi'r pwnc! Dim ond y rhai sy'n dallt sy'n cochi!"
Daniel, 16 oed

Y tro cyntaf

- Mae 60% o bobl ifanc yn eu harddegau yn colli'u gwyryfdod tra'n feddw

- Mae 65% o bobl ifanc yn eu harddegau yn 'anghofio' defnyddio condom wrth gael rhyw

- Gallet ti landio ar dy ben yn y carchar am gael rhyw mewn lle cyhoeddus – felly gofal pia hi

- Cofia ei bod hi'n anghyfreithlon cael rhyw cyn dy fod yn 16 oed

Wrth gynllunio / trefnu y tro cyntaf ystyria ...
a) Amser – faint sydd ei angen?
b) Lleoliad – wyt ti'n gyfforddus, yn ddiogel ac yn gallu ymlacio?
c) Preifatrwydd – oes modd i rywun dorri ar eich traws?
ch) Awyrgylch – cerddoriaeth / canhwyllau, beth wyt ti eisiau?
d) Atgofion – dim ond un tro cyntaf fydd, felly ystyria beth wyt ti am gofio amdano.

Atal cenhedlu

Gwerth nodi'r dulliau atal cenhedlu; rhaid bod yn ddiogel wedi'r cyfan. Nid pob dull atal cenhedlu sy'n diogelu rhag afiechydon a heintiau – dylet ti hefyd ddarllen yr adran ar afiechydon rhyw cyn i ti ystyried cael rhyw.

Condom gwrywaidd
Tiwb tenau o rwber sy'n cael ei wisgo dros bidyn caled i rwystro'r sberm rhag mynd i geg y groth.
Dim angen prescripsiwn.
Ar gael i'w prynu yn eang. Ar gael am ddim mewn clinigau cynllunio teulu / GUM.
Effeithiol wrth ddiogelu rhag heintiau.
85–98% effeithiol yn erbyn beichiogrwydd o'u defnyddio yn gywir.
Yn gallu rhwygo / llithro oddi ar y bidyn.

Condom benywaidd
Cwdyn plastig sy'n cael ei osod tu mewn i geg y fagina.
Drud.
Ddim ar gael mor eang â'r condom gwrywaidd.
85–95% effeithiol yn erbyn beichiogrwydd a heintiau.

Deiafframiau / capiau
Sbring hyblyg wedi'i orchuddio gan haen rwber denau.
Angen prescripsiwn.
Nyrs / meddyg teulu yn eu gosod yng ngheg y fagina.
85–98% effeithiol yn erbyn beichiogrwydd.
Rhaid defnyddio sbermleiddiad hefyd i atal rhag heintiau ac afiechydon.
Rhai merched yn gallu dioddef heintiau traethol o ganlyniad.

Y bilsen

Pilsen a gymerir yn ddyddiol am 3 wythnos, wedyn seibiant o wythnos bob mis pan ddaw'r misglwyf.
Hormonau sy'n atal yr ofarïau rhag gollwng wy.
Angen presgripsiwn.
99% effeithiol yn erbyn beichiogrwydd o'i ddefnyddio'n gywir.
0% effeithiol yn erbyn heintiau.
Gallu lleihau gwaedu a phoenau misglwyf.
Sgil-effeithiau megis magu pwysau, bronnau tyner, hwyliau tymhestlog, cur pen yn bosib.
Gallu gwella plorod a phroblemau hormonaidd eraill.

Y bilsen fach

Pilsen a gymerir yn ddyddiol.
Hormonau sy'n atal yr ofarïau rhag gollwng wy.
Rhaid cymryd y bilsen yr un amser bob dydd.
Rhaid cael presgripsiwn.
Gallu lleihau / stopio misglwyf yn llwyr.
Modd cael y driniaeth ar ffurf pigiad bob 3 mis.
96–99% effeithiol yn erbyn beichiogrwydd.
0% effeithiol yn erbyn heintiau ac afiechydon.

Y bilsen atal cenhedlu brys (Y bilsen bore-drannoeth)

I'w defnyddio mewn argyfwng yn unig.
Rhaid cymryd o fewn 72 awr i gael rhyw.
Sgil-effeithiau megis chwydu yn bosib.
Ar gael gan feddyg teulu / yn yr ysbyty am ddim.
Ar gael gan fferyllydd dros y cownter i'r rhai sydd dros 16 oed, tua £25.
Rhaid cael sgwrs yn egluro'r agwedd feddygol cyn ei ddefnyddio i sicrhau defnydd cywir ac addas.
97% effeithiol yn erbyn beichiogrwydd.
0% effeithiol yn erbyn heintiau ac afiechydon.

Cwestiynau am ryw

'Rydw i a 'nghariad wedi penderfynu ein bod ni'n barod i gael rhyw am y tro cyntaf. Fi wir moyn gwneud a mae e hefyd, ni jyst nawr yn trio gweithio mas lle a phryd gallwn ni neud e. Y peth yw, wy wedi clywed bod y tro cyntaf yn boenus i ferched. Ydy hyn yn wir?'

Mae'n gallu bod, yn anffodus. Dyw e ddim yn brifo i fechgyn o gwbl. Mae'r tro cyntaf yn debygol o frifo i merched, ond y mwya gelli di ymlacio, lleia poenus bydd e. Mae'n anodd ymlacio os wyt ti'n nerfus, ond cymera dy amser. Os yw dy bartner di yn ystyriol o hyn fe fydd hynny'n helpu. Cofia hefyd y gelli di wastad stopio os wyt ti'n anghyfforddus a thrio rhywdro eto.

'Sut wyt ti'n gwbod os yw merch yn ffêco fe?'

Mae arwyddion corfforol megis curiad y galon yn cynyddu, du'r llygaid yn chwyddo, gwres a lliw yn codi, a chyhyrau'r pelfis yn tynhau ac ymlacio, ac o bryd i'w gilydd fe fydd y ferch yn sylwi ar redlif hefyd. Mae'n wahanol i bob merch, ac yn aml fe fydd yr arwyddion yn gynnil iawn. Mae modd gwybod – os wyt ti'n graff iawn!

''Di cael rhyw pan ti ar dy fisglwyf yn iawn? Hynny ydi, 'di o'n brifo mwy, neu 'di o'n fwy tebygol y gwnei di feichiogi neu 'wbath?'

Mae'n berffaith iawn cael rhyw yn ystod dy fisglwyf os wyt ti a dy gariad yn hapus i wneud. Mae rhai merched hyd yn oed yn honni ei fod yn helpu gyda phoenau misglwyf. Dim ond bod ti'n parhau i ddefnyddio dull atal cenhedlu dibynadwy dwyt ti ddim yn fwy tebygol o feichiogi. Fe all wneud mwy o fès nag arfer!

'Fedrwch chi setlo ffrae rhyngtha i a ffrind? Ydi 'oral sex' fatha rhyw go iawn? Os ti 'di gneud hefo dy geg ond dim byd arall, wyt ti dal yn virgin?'

Y diffiniad swyddogol o wyryf yw person sydd heb gael rhyw llawn.

Ond mae'n dibynnu arnat ti a dy gredoau. I rai, mae unrhyw fath o ryw yn cyfri, tra bod eraill yn anghytuno. Dy ddewis di!

'Wyt ti'n gallu cael rhyw yn sefyll lan?'

Fe elli gael rhyw unrhyw ffordd rwyt ti eisiau! Mae'n bosib cael rhyw yn sefyll lan, ydy, ond mae'n gofyn am goesau cryf! Mae'n gallu bod yn lletchwith iawn os oes gwahaniaeth taldra mawr rhwng y ddau berson!

'Wyt ti'n gallu beichiogi'r tro cyntaf i ti gael rhyw?'

Wyt. Rwyt ti'n gallu beichiogi unrhyw bryd rwyt ti'n cael rhyw. Mae dulliau atal cenhedlu yn lleihau'r posibilrwydd hynny, ond ddim yn ei waredu'n llwyr.

'Beth yw orgasm?'

Teimlad pleserus sy'n llifo trwy'r corff wrth i gyhyrau a nerfau yr effeithir arnynt drwy gysylltiad rhywiol grebachu. Mewn dynion, dyma pryd y rhyddheir y sberm.

'Gaf i orgasm bob tro?'

Ddim o bell ffordd! Mae'n fwy tebygol y bydd bachgen yn cael orgasm na merch, ond dyw hynny ddim yn digwydd bob amser. Mae nifer helaeth o fenywod yn honni nad ydynt erioed wedi profi orgasm.

'Sut alla i fod yn siŵr bo fi'n ei neud e'n iawn?

Does dim un ffordd benodol o'i 'wneud e'n iawn'. Nid arbrawf gwyddonol na rysáit gwneud cacen yw hyn! Mae'n amlwg fod yn rhaid i'r darnau priodol o'r corff fod yn y mannau cywir, ond o ran techneg, paid â phoeni! Os wyt ti a dy gariad yn gyfforddus ac yn profi teimladau pleserus, fe elli fod yn weddol saff dy fod yn ei wneud e'n iawn!

Afiechydon rhyw

Clamydia
- Yr afiechyd rhyw mwya cyffredin
- Cynnydd enfawr yn nifer y dioddefwyr dros y blynyddoedd diwethaf
- Caiff ei achosi gan bacteria
- Lledu drwy bob math o gyfathrach rywiol

Symptomau:

Ymddangos o fewn 7–21 diwrnod os o gwbl

Dim symptomau o gwbl gan hyd at at 70% o ddioddefwyr

Merched
- Gwaedu trwm
- Gwaedu rhwng misglwyfau
- Rhyw yn boenus
- Rhedlif anghyffredin
- Llosgi wrth biso

Bechgyn
- Ceilliau'n chwyddo
- Llosgi wrth biso
- Pidyn yn cosi
- Rhedlif clir
- Ceilliau'n boenus / sensitif

Effeithiau:

Merched
- Gallu achosi anffrwythlondeb
- Clefyd Llid Pelfig difrifol (*pelvic inflammatory disease* / PID)
- Beichiogrwydd ectopig
- Mamau'n pasio i'w babanod, hynod niweidiol i'r baban – gallu dallu / achosi niwmonia

Bechgyn
- Effeithio'r wrethra
- Lledu i'r ceilliau
- Gallu arwain at Glefyd Reiter – sy'n golygu anabledd

Triniaeth:
Cyffuriau gwrthfiotig
Peidiwch â chael rhyw nes bo'r driniaeth wedi dod i ben
Awgrymir ailbrofi wedi i'r driniaeth ddod i ben
Cysylltwch â phartneriaid i'w rhybuddio, fel y gallant gael eu profi / dderbyn triniaeth

Gonorrhoea

- Bacteria sy'n tyfu yn yr organau
- Lledu drwy bob math o ryw
- Lledu hefyd trwy gyffwrdd â'r organau rhywiol heintiedig

Symptomau:
Ymddangos rhwng 2 a 10 diwrnod ar ôl dal yr afiechyd
Gall symptomau cynnar fod yn gynnil dros ben
Modd diodde o'r afiechyd am fisoedd heb sylweddoli
Bechgyn yn fwy tebygol o ddangos symptomau
Merched
- Rhedlif
- Piso'n amlach
- Rhyw yn boenus
- Misglwyfau anghyson
- Poen yn isel yn y stumog

Bechgyn
- Piso'n aml
- Llosgi
- Rhedlif gwyrdd / melyn
- Organau'n cosi

Effeithiau:
Merched
- Clefyd Llid Pelfig difrifol (*pelvic inflammatory disease* / PID)
- Anffrwythlondeb
- Mamau'n pasio i'w babanod – gallu eu lladd yn y groth
- Beichiogrwydd ectopig

Bechgyn

- Heintio'r llygaid
- Heintio'r anws
- Heintio'r llwnc

Triniaeth:
- Cyffuriau gwrthfiotig
- Dim rhyw nes bo'r driniaeth wedi dod i ben
- Awgrymir ailbrofi wedi i'r driniaeth wreiddiol ddod i ben
- Cysylltwch â phartneriaid i'w rhybuddio, fel y gallant gael eu profi / dderbyn triniaeth

Herpes
- Feirws
- Aros yn y system am byth
- Dim gwellhad
- Heintus dros ben – drwy bob math o gysylltiad rhywiol, gan gynnwys rhyw y geg a chusanu

Symptomau:
Ymddangos o fewn wythnos – os o gwbl.
Merched a Bechgyn
- Briwiau, pothelli llawn hylif clir yn cosi'r organau rhywiol, pen-ôl, a'r geg hefyd
- Blinder
- Llosgi wrth biso
- Brech
- Wlserau poenus
- Pen tost
- Gwres

Effeithiau:
- Dim modd cael gwared â'r feirws
- Pothelli'n mynd a dod drwy gydol dy oes
- Paid â chael rhyw os oes gen ti bothelli – dim hyd yn oed gyda chondom
- Paid â chyffwrdd â'r pothelli, maent yn heintus dros ben
- Os wyt ti'n eu cyffwrdd, golcha dy ddwylo'n drwyadl ar unwaith

- Hynod niweidiol i fabanod yn y groth, gallu lladd

Triniaeth:
- Dim

HIV
- Dyma'r haint peryclaf
- Feirws yn hylifau'r corff (gwaed, semen ayyb)
- AIDS yw cam ola'r afiechyd
- Dal drwy unrhyw fath o ryw heb gondom a rhannu nodwyddau brwnt
- Ymosod ar system imiwnedd y corff

Symptomau:
Gallu diodde o'r afiechyd am 10 mlynedd heb wybod
Gellir cael prawf positif rhwng 6 a 12 wythnos wedi dal yr afiechyd
Merched a Bechgyn
- Marciau porffor ar y croen
- Blinder
- Gwres
- Colli pwysau
- Chwysu
- Dolur rhydd

Effeithiau:
Bechgyn a Merched
- Dim egni
- Yn debygol o ddiodde o unrhyw salwch oherwydd diffyg imiwnedd
- Marwolaeth

Triniaeth:
- Dim
- Cyffuriau'n gallu ymestyn bywyd dioddefwyr os delir yr haint yn ddigon cynnar

HPV (Dafadennau)
- Feirws
- Lledu drwy unrhyw fath o ryw
- Gallu pasio o fam i blentyn yn ystod genedigaeth

- Condom ddim wastad yn amddiffyn gan nad yw bob amser yn gorchuddio'r holl ardal heintiedig
- Heintus dros ben
- Cario'r feirws am byth

Symptomau:
- Hyd at 9 mis cyn iddynt ymddangos
- Unwaith i'r dafadennau ymddangos maent yn tyfu'n gyflym dros gyfnod o 2–4 wythnos

Merched
- Dafadennau unigol neu grwpiau bach yn ymddangos ar y fagina / anws
- Cosi
- Tyfu a lledu

Bechgyn
- Dafadennau gwyn yn ymddangos ar ben y pidyn / anws
- Cosi
- Tyfu'n fawr heb driniaeth

Effeithiau:
Merched
- Gallu arwain at gancr yng ngheg y groth

Bechgyn
- Gallu arwain at gancr yr organau rhywiol

Triniaeth:
- Trin y symptomau, nid y feirws
- Doctor yn llosgi / rhewi'r dafadennau i ffwrdd
- Triniaeth yn gallu para misoedd
- Ni ddylid cael rhyw yn ystod y driniaeth
- Cysylltwch â phartneriaid i'w rhybuddio, fel y gallant gael eu profi / dderbyn triniaeth

Syffilis

- Afiechyd peryglus
- Bacteria – unwaith mae'r haint yn bresennol yn y corff mae'n cael ei gario drwy'r gwaed at organau eraill, e.e. y galon a'r ymennydd
- Lledu drwy gyfathrach rywiol

Symptomau:

- Does dim fel arfer – ond os ydynt yn ymddangos mae 3 cyfnod:
Cyfnod 1 – hyd at 12 wythnos ar ôl dal yr afiechyd
Cyfnod 2 – tua 6 mis wedyn
Cyfnod 3 – hyd at 20 mlynedd wedyn

Merched a Bechgyn
Cyfnod 1
- Pothelli coch gwlyb ar yr organau rhywiol / anws / yn y geg – yn diflannu eto ar ôl tua wythnos

Cyfnod 2
- Brech ar y frest / cefn / traed / dwylo
- Gwres
- Cyhyrau'n boenus
- Llwnc tost
- Blinder
- Colli gwallt
- Colli pwysau

Cyfnod 3
- Gweler uchod. Fe fydd y symptomau hyn yn mynd a dod, ond yn gwaethygu bob tro

Effeithiau:

Merched a Bechgyn
- Niwed i'r galon
- Niwed i'r ymennydd
- Niwed i'r nerfau
- Anabledd / parlys
- Problemau genedigol
- Marwolaeth

Triniaeth:

- Cyffuriau gwrthfiotig
- Peidiwch â chael rhyw nes bo'r driniaeth wedi dod i ben
- Cysylltwch â phartneriaid i'w rhybuddio, fel y gallant gael eu profi / dderbyn triniaeth

Ych, nagyw e?! Cofia bod modd osgoi pob un o'r rhain – modd byw dy fywyd heb ddal yr un afiechyd rhyw. Modd byw dy fywyd heb orfod cynnal sgyrsiau ffôn lletchwith gyda chyn gariadon a chyfadde i gariadon newydd bod gen ti afiechyd. Meddylia! Sut? Rhwydd. **Bydd yn ofalus. Edrycha ar ôl dy hun. Defnyddia gondom. Bob un tro. Syml.**

Beichiogrwydd

**Mae'n digwydd, hyd yn oed i'r rhai mwya gofalus . . .
Dyma brofiad dau sydd wedi wynebu beichiogrwydd,
a'r penderfyniadau a'r digwyddiadau a ddaeth yn sgil
hynny.**

'O'n i'n sort of gweld y boi 'ma o'dd lot hŷn na fi. Do'n i ddim wir moyn cael rhyw 'dag e, ond o'n i'n meddwl bydde dim diddordeb 'da fe ynddo i fel arall, ac o'n i moyn profi iddo fe bo fi'n aeddfed. Fi'n gwbod nawr mai bod yn anaeddfed o'n i mewn gwirionedd – ond o'n i ddim yn meddwl 'nny ar y pryd.

O'n i'n ame bo fi'n feichiog am fisoedd cyn i fi wynebu'r peth a dales i'r pris am beidio wynebu'r sefyllfa. O'dd fy misglwyf i 'di stopo ond o'n nhw byth yn gyson. Wedyn o'n i 'di blino drwy'r amser, yn chwydu bob bore, a nes i ddechre magu pwysau. Dim lot, na'th neb arall sylwi, ond nes i. Yn y diwedd es i ar ben fy hun a phrynu test cartre. O'n i'n gwbod bod e'n bositif cyn i fi edrych arno fe hyd yn oed. Jyst gwbod. O'dd e'n anodd peidio.

Wedes i ddim byd wrth neb am sbel 'to. Wedes i ddim byd wrth y tad hyd yn oed, o'n i'n eitha siŵr bydde fe ddim moyn gwbod, a benderfynes i beidio â'i weld e rhagor. O'dd dim lot o ots 'da fe.

Yn y pen draw es i i'r Family Planning, a gofyn i gael trafod fy opsiynau i. O'n nhw moyn neud prawf arall, a ges i lwyth o gwestiynau 'da nhw. Drafodes i 'da'r nyrs lyfli 'ma bytu'r opsiynau, cael y babi, mabwysiadu, neu erthyliad. Drafododd hi bopeth gyda fi, gadael i fi ofyn cwestiynau, ond nago'n i'n gwbod pa mor bell o'n i wedi mynd wedyn o'n i ffaelu gwneud penderfyniad nes bo fi 'di cael scan. Na'th y nyrs yr apwyntiad drosta i – ar gyfer yr wythnos wedyn.

O'dd rhaid i fi weud wrth rhywun, o'n i ddim moyn gweud wrth y'n ffrindie i yn yr ysgol, o'n i ddim moyn i bawb fod yn gwybod, ac o'n i ddim wir yn meddwl y bydde fy ffrindie i lot o help 'da'r penderfyniade o'dd o mlan i, wedyn wedes i wrth wrth Mam a Dad. 'Na'r peth anoddaf. O'dd y ddou ohonyn nhw mewn sioc wrth gwrs, ond yn gefnogol. Ddaeth y ddou ohonyn *nhw 'da fi i'r scan, a 'na pryd ffindon ni mas o'n i wedi mynd bron i chwe mis. O'dd dim gobeth 'da fi gael erthyliad. O'dd e'n rhy hwyr. Mewn ffordd o'dd e'n ryddhad nago'dd rhaid fi neud y penderfyniad fy hunan. O'dd rhaid i fi gael e. O'dd gweld y babi bach 'ma ar y sgrin yn neud popeth yn real. Clywed curiad ei galon e. 'Na pryd ffindon ni mas taw bachgen bach o'dd e. Wedson nhw y bydden nhw'n helpu, bydden nhw'n cefnogi ond taw 'mabi i fydde fe, a fi fydde ei fam e felly fi fydde'n gorfod bod yn gyfrifol amdano fe.*

'Sai rioed 'di timlo poen fel deimles i yn cael Twm. O'dd e'n ofnadw. Ges i enedigaeth naturiol, ac o'dd e bach yn gynnar, 6 phwys o'dd e pan gas e ei eni. O'dd e'n anodd iawn ar y dechre, o'n i mor nerfus 'bytu popeth, a'r cyfrifoldeb yn anferthol. O'n i'n meddwl yn aml bod fy mywyd i ar ben ac o'dd y ddiffyg cwsg a'r straen ddim yn helpu rhywun i deimlo'n bositif. Y peth yw, ti ffaelu jyst cymryd diwrnod bant pan wyt ti'n fam – ti'n fam 24/7. Mae'r help wy'n ei gael 'da Mam a Dad yn golygu bo fi 'di gallu mynd 'nôl i'r ysgol – o'dd e'n anodd mynd nôl i wynebu pawb, a fi wedi mynd 'nôl blwyddyn, ond mae e'n werth e. Er bo fi'n ei garu e, wy'n falch o fynd i'r ysgol i gael brêc oddi wrth Twm, ond wy hefyd yn gwitho'n galed nawr achos bod dyfodol dau ohonon ni yn dibynnu arna' i.

S'neb heblaw fi yn gwybod pwy yw ei dad e. Falle rhyw ddydd wna' i egluro wrth Twm os yw e wir moyn gwbod, ond sai'n edrych mlaen at weud 'tho fe mor stiwpid fues i.'
Lea, 15 oed

'O'dd Mel a fi 'di bod gyda'n gilydd ers tua wyth mis pan wedodd hi wrtha' i bod hi'n feichiog. Wel o'dd hi'n meddwl ei bod hi o leia.

Ges i haint. O'n ni wastad 'di bod yn ofalus. Ddechreuon ni off yn iwso condoms ond wedyn aeth hi ar y pil. O'n i jyst ffaelu credu'r peth. O'dd ofn ar y ddou ohonon ni, ac o'n i jyst ddim yn gwybod beth i'w neud.

O'dd popeth fel breuddwyd, neu hunllef falle. Hi drefnodd popeth, a nes i fel o'dd hi moyn. Es i gyda hi i neud y prawf, wedyn at y doctor. Wedes i wrth Dad a wedodd hi wrth ei rhieni hi yr un noson. Wedyn ddigwyddodd y cyfarfod 'ma rhwng ein rhieni ni, a bron fel bo y penderfyniad wedi 'i neud ar yn rhan ni. O'n i'n gwbod nago'dd 'en ymarferol i ni ga'l babi, ac o'n i ddim moyn e, o'n i'n rhy ifanc, a diolch byth o'dd Mel yn gweud bo hi'n teimlo'r un peth. Ond mwya sydyn o'dd jyst dim rhagor o rheolaeth 'da ni drosto fe. O'dd y penderfyniad 'di neud droston ni.

Ga'th yr erthyliad ei drefnu ar yr NHS, ac o'dd ei rhieni hi ddim moyn i fi fod 'na. O'dd ei mam hi'n mynd i fod gyda hi. Achos bod e mor gynnar ga'th hi gymryd y tabledi 'ma. Es i i'w gweld hi yn yr ysbyty, ag o'dd hi'n edrych yn welw iawn a dan straen, ac erbyn 'nny o'dd hi 'di dechre gwaedu. Wedodd hi wrtha i wedyn bo hi 'di gweld siâp y babi yn y tray 'ma o'dd rhaid iddi iwso. Gaethon ni ddim siarad lot, achos o'dd ei mam hi 'na, a fi o'dd y dyn drwg erbyn 'nny, ond o'dd rhaid fi neud yn siŵr bod hi'n olreit. O'dd bai arna' i wrth gwrs, cyfrifoldeb, beth bynnag chi moyn ei alw fe, ond o'dd peth arni hi hefyd. Ond o'dd ei rhieni hi fel tasen nhw ddim yn gweld 'nny chwaith.

Arhoson ni 'da'n gilydd am bach wedyn. Ond o'dd e wedi effeithio ar bethe, wedi dod rhyngthon ni. O'n i jyst byth yn gwbod beth i ddweud, o'n i ddim moyn ypseto hi, ddim moyn codi'r peth, er bod hi'n gryf iawn. O'dd neb yn gwbod wedyn o'dd hi fel'se hi'n aros i lefen o'm mla'n i.

Y peth arall o'dd bod ein rhieni ni'n cadw llygad barcud arnon ni, ac yn gwrthod gadel i ni fod ar ein penne'n hunan lot.

Yn y diwedd hi orffennodd e. Gweud bod dim pwynt cario mla'n, ag o'n i'n cytuno. O'dd hyd yn oed ofan arna' i gyfadde 'nny wedi meddwl. Ni dal yn ffrindie – ish. Ddim yn agos iawn. So ni byth yn ffono'n gilydd rhagor, ond wy'n hala tecst weithie. Mae e fel bo ni 'di rhannu'r profiad 'ma fydd yn ein cysylltu ni am byth, ond so ni moyn ei gofio fe, na siarad amdano fe. Wy'n hynod o ofalus gyda 'nghariad newydd i. Wy'n iwso condoms, ac mae hi ar y pil. Sai byth moyn mynd trwy hwnna eto. Ddim byth.'
Jay, 18 oed

Ffeil-o-ffaith

- Cymru yw un o'r gwledydd Ewropeaidd gyda'r lefelau uchaf o feichiogrwydd ymysg yr arddegau – 28.4 genedigaeth o bob 1000, o'i gymharu â 6.9 yn yr Eidal, 15 yn yr Iwerddon, 10 yn Ffrainc a 7.8 yn Sbaen.

- Amcangyfrifir bod un o bob 5 person ym Mhrydain yn hoyw.

- Yn ôl cyfraith gwlad mae'n rhaid bod yn 16 oed i gael rhyw.

- Rhaid i 2 ddoctor gytuno y byddai geni'r baban yn niweidiol i iechyd y fam neu'r plentyn cyn y gellir cael erthyliad yng Nghymru.

- Yn 2003 perfformiwyd bron i 40,000 erthyliad ar ferched Prydeinig o dan 19 oed.

lle i chwilio am help...

www.bbc.co.uk/teens

www.childrenslawcentre.org

www.selfharm.org.uk

www.selfharmalliance.org

www.rouseindahouse.com

NHS Direct. Ffôn: 0845 46 47

Samaritans. Ffôn: 08457 90 90 90

ChildLine. Ffôn: 0800 1111

www.teds.org.uk

http://www.drugscope.org.uk/

http://www.lifebytes.gov.uk

National Drugs Helpline 0800 776600

www.ndh.org.uk

Drinkline 0800 917 8282

Eating Disorder Assoc. 01603 21414 / 01603 765 050

www.edauk.com

www.safepiercing.org

www.teenadvice.com

www.teenadviceline.org

www.channel4.com/helplines

www.bbc.co.uk/radio1/onelife

www.coolnurse.com

www.advicehq.co.uk

www.teensay.co.uk

www.familyrapp.co.uk

www.stonewallcymru.org.uk

www.youngminds.org.uk

www.canllaw-online.com

Nos 0845 450 0230 neu www.nos.org

Llinell Gymorth Iechyd Rhywiol Cymru 0800 567 123

www.youngconwy.com

Clic 0845 69 121 10 neu cliconline www.cliconline.co.uk

www.nspcc.org